ATLAS DE CARRETERAS
ATLAS RODOVIÁRIO

España
& Portugal

Portugal
& Espanha

1/1 000 000 - 1 cm = 10 km

Índice de localidades
Índice das localidades

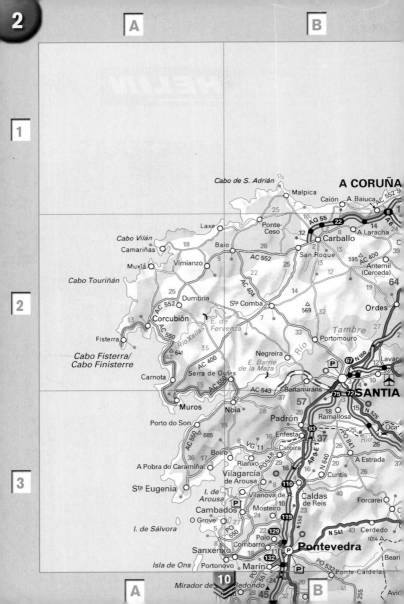

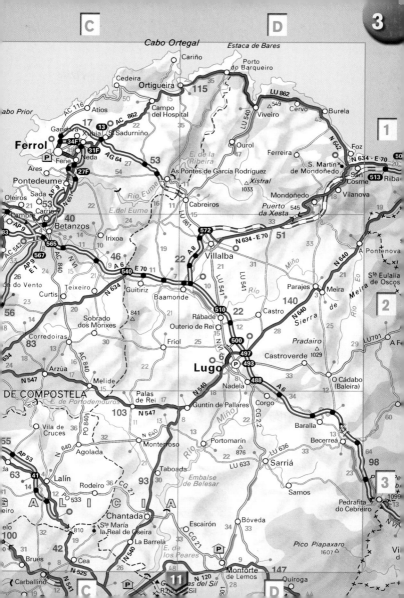

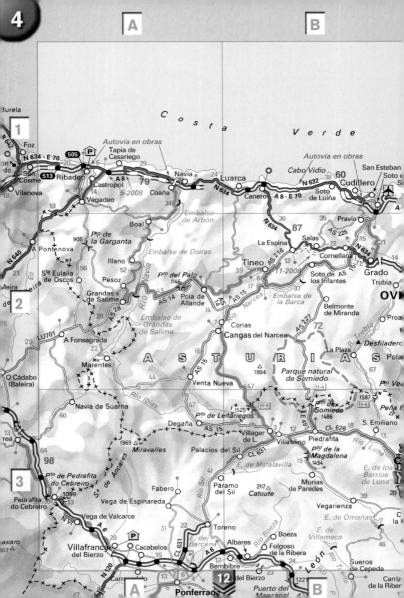

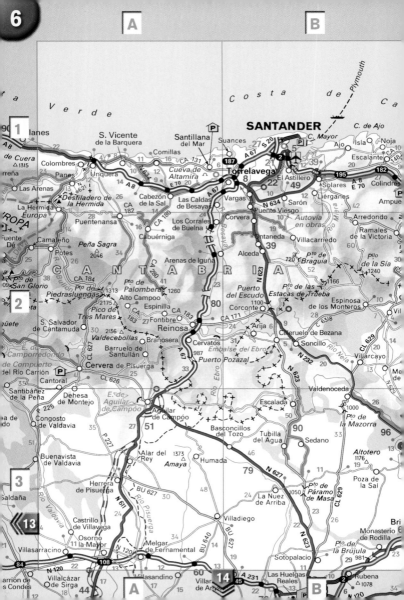

C a n t a b r i a

ntoña

Laredo   N 634   Castro-Urdiales   Plentzia   Bakio   **Bermeo**   *Costa*   *Vasca*
162   58   Getxo   BI 634   BI 2120   BI 635   Lekeitio
El Puente   351   Santurtzi   Areeta   24   Mungia   BI 638   **Ondarroa**   Zumaia   **DO**
Portugalete   11   18   BI 631   Gautegiz-   Markina-   Deba   **S. S**
22   **Barakaldo**   P   **BILBAO**   Arteaga   Xemein   13   12   Elgoibar   Zestoa   **Azpeitia**
Zalla   Sodupe   Arrigorriaga   Galdakao   **Gernika-Lumo**   BI 633   Eibar   Azkoitia   Sant Ign   de Lo
BI 630   Güenes   Amorebieta   E 70   Durango   Abadiño   Elorrio   Bergara   Zumarraga   419
Presa   BI 636   13   57   E 5 E 80   Arrasate   Oñati   Beasain
Balmaseda   A 624   Llodio   Artea   69   Pto de   713   Mondragon   GI 627   Arantzazu   Ordizia
Villasana   Amurrio   Ziorraga   Urkiola   Eskoriatza   9-2008   Aizkorri   20   650
de Mena   1187   36   Pto de   604   Aizkorri   1549
Artziniega   A 624   Barazar   **PAÍS**   Legutiano   Pto de Arlaban   **VASCO**   Pto de Etxegarate   Alts
Quincoces   Pto de   Orduña   Murguia   23   Pto de Arlaban   Alsa
de Yuso   Orduña   900   5   21   3-2008   9   367   Salvatierra /   A 1
Berberana   PAÍS   Agurain   Olazti/
Trespaderne   18   33   355   45   P   Olazagutia   Ur
Quintana Martín   A 625   Subijana   343   P   **VITORIA-**   Pto de   A 1   927
Galíndez   34   26   **GASTEIZ**   Azáceta   896   Sierra   3
Frias   Río Ebro   E. de Sobrón   7   Treviño   **EUSKADI**
232   28   Busto de   A 2122   39   Sta Cruz-   51   Acedo
Bureba   BU 525   Miranda   de Campezo   1414   NA 132 A
68   Pancorbo   21   de Ebro   Zambrana   61   16
NI   25   980   19   Labastida/   Pto de Herrera   58
4   Haro   Bastida   1104   Torres   NA
ca   N 232   65   9   Laguardia   del Río   28   NA
Cerezo   AP 1 E 5 E 80   22   N 232   Oyón   N 111   Viana   21
de Riotirón   Casalarreina   59   AP 68 E 804   Cenicero   1   NA-134
113   P   13   LR 111   Fuenmayor   P   Mendavia
232   Belorado   N 120   10-2008   20   29   34
N 120   15   Navarrete   A 12   **Logroño**
Villafranca-   **C**   Sto Domingo   **D**
Montes de Oca   de la Calzada

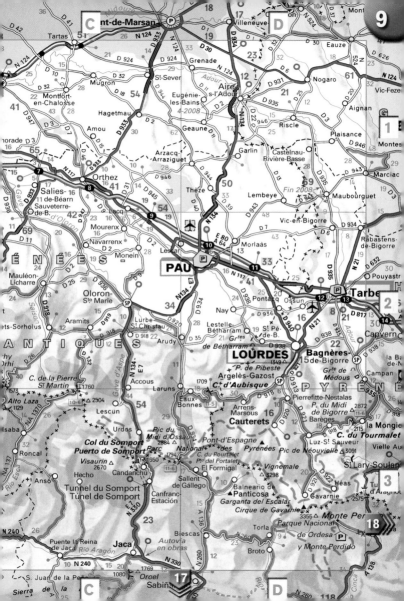

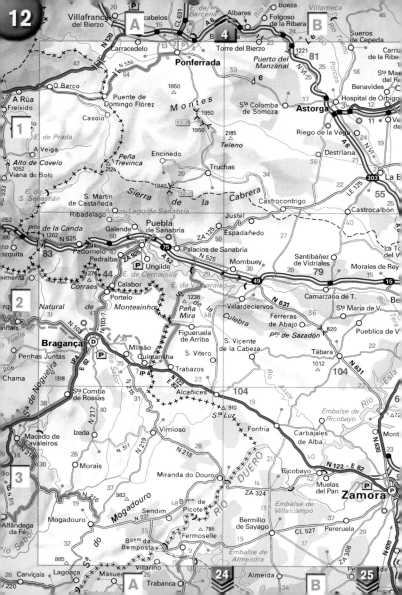

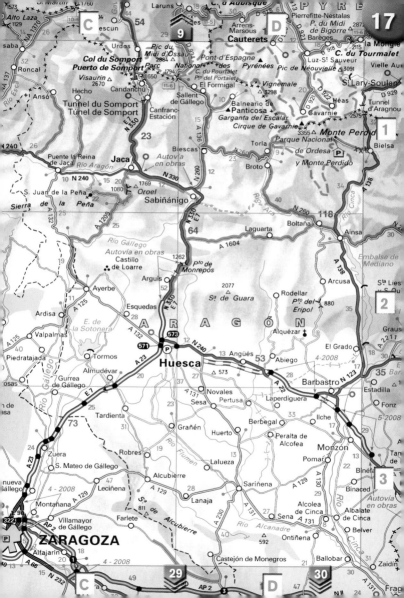

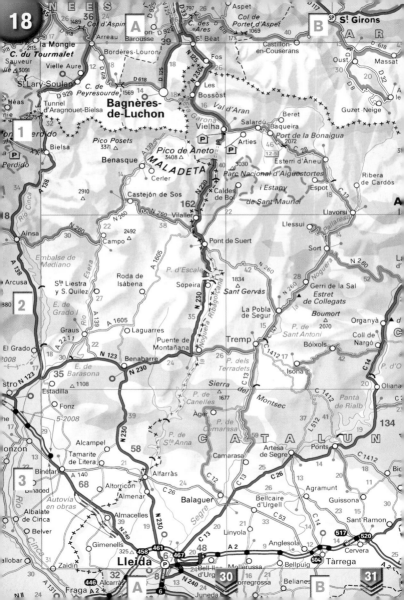

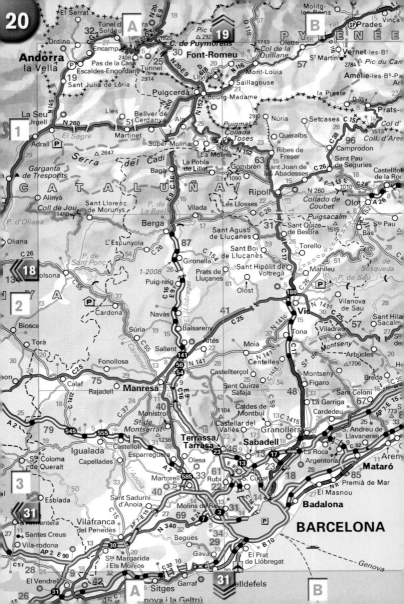

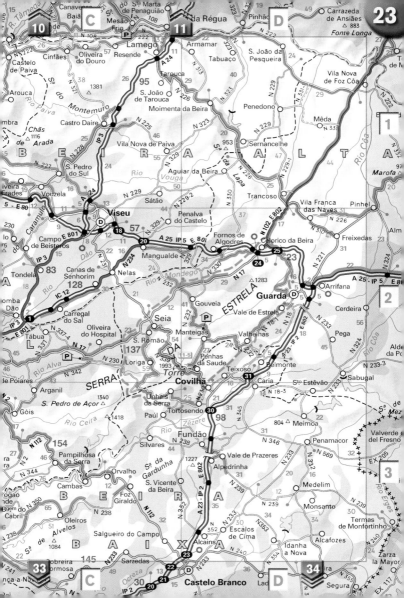

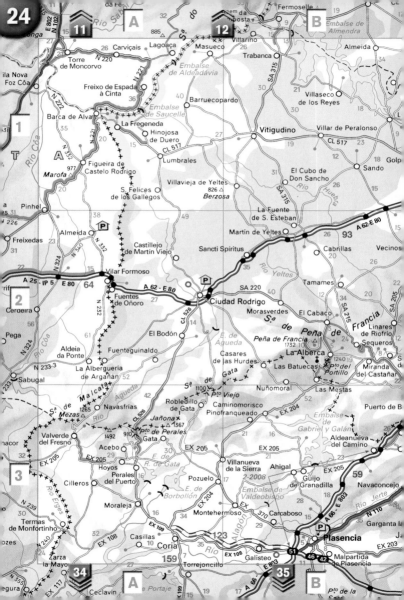

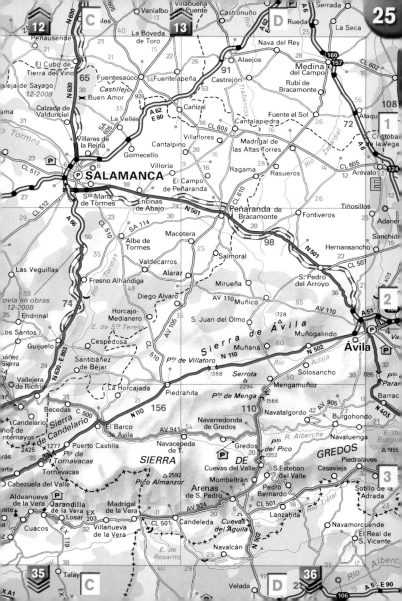

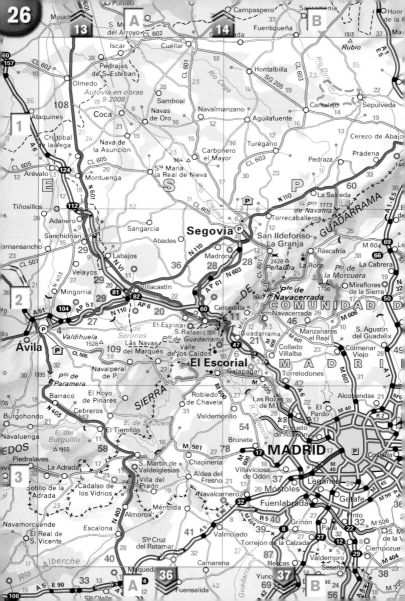

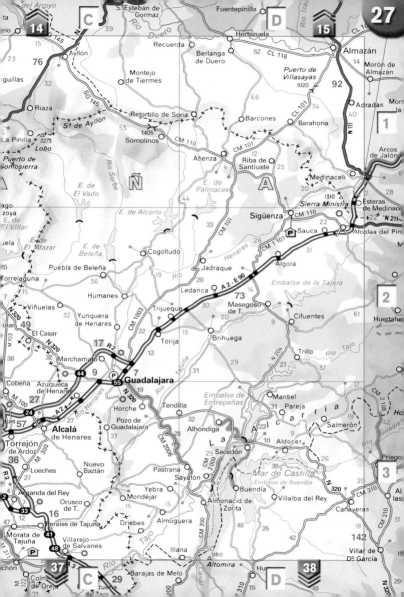

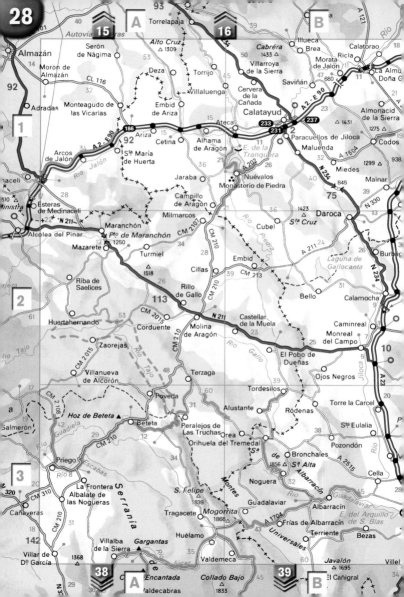

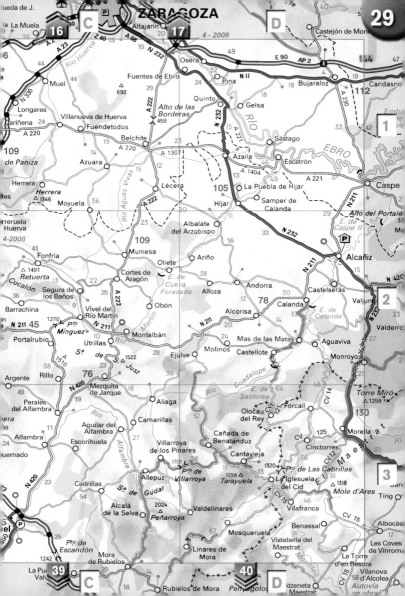

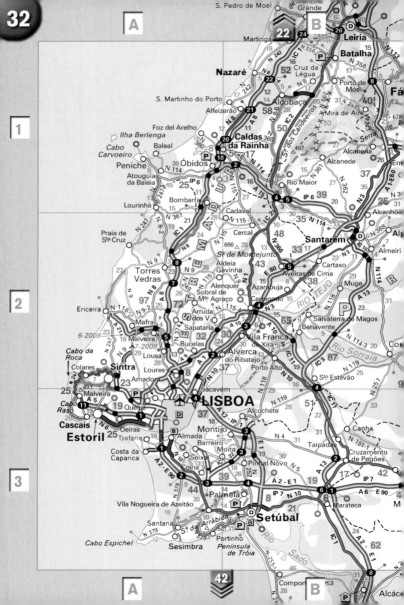

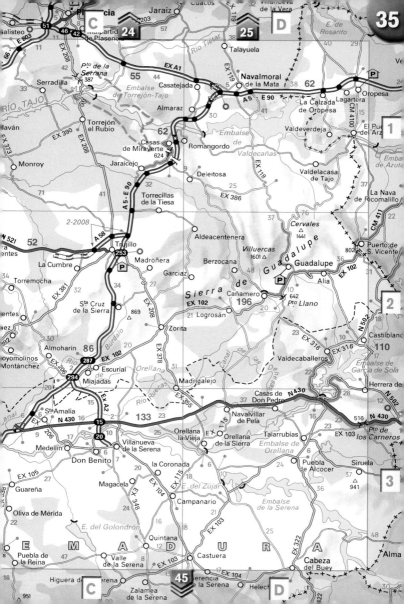

Plasencia
Jaraiz
Cuacos
Villanueva
de la Vera
E. de
Rosarito

Malpartida
de Plasencia

C 24 D 25 D

Serradilla
Pto. de la Serrana
387
EX A1
55
Casatejada
Talayuela
EX 119
Navalmoral
de la Mata
La Calzada
de Oropesa
62
Oropesa
Lagartera
P

RÍO TAJO
Embalse de Torrejón-Tajo
62
Almaraz
A5 E 90
CM 4100
El Pue
del Arz

1

Torrejón
el Rubio
EX 390
Casas
de Miraverte
624
Romangordo
Embalse
de
Valdecañas
Valdeverdeja

Monroy
Jaraicejo
Deleitosa
EX 118
Valdelacasa
de Tajo
Emba
de Azuti

Torrecillas
de la Tiesa
EX 386
La Nava
de Ricomalillo

N 521
52
2-2008
A58
Trujillo
253
Aldeacentenera
Cervales
1441
Villuercas
1601
Guadalupe
CM 411
Puerto de
S. Vicente
802
EX 102
Alía

La Cumbre
P
Madroñera
Berzocana
de
Guadalupe
P
2

Torremocha
EX 381
Garciaz
Sierra
Cañamero
642
Pto. Llano
N 502
Castilblanc

Stª Cruz
de la Sierra
869
EX 102
196
20
10

Almoharin
86
287
EX 102
Escurial
de
Miajadas
294
Orellana
Zorita
EX 378
Logrosán
21
Canal
de
las
Valdecaballeros
EX 316
EX 316
110
Embalse de
García de Sola

Río
Burdalo
Madrigalejo
Río Ruecas
EX 355
Casas de
Don Pedro
N 430
Herrera de

Stª Amalia
N 430
15
20
EX A2
133
Navalvillar
de Pela
516
N 430
Pto. de
los Carneros
12
N 502

Medellín
Villanueva
de la Serena
Orellana
la Vieja
Orellana
de la Sierra
Talarrubias
EX 103
Embalse
de
Orellana
Siruela

Don Benito
la Coronada
Puebla
de Alcocer
941
3

Guareña
EX 105
Magacela
EX 104
EX 115
E. del Zújar

Oliva de Mérida
EX 348
Campanario
Embalse
de la Serena

E. del Golondrón
EX 103
Quintana
EX 103

E
M
A
D
U
R
A

Puebla de
la Reina
Valle de
la Serena
Castuera
EX 372
Cabeza
del Buey
Alma

Higuera de Serena
EX 103
Zalamea
de la Serena
Serena
de la Serena
EX 104
Helech

C
45
D
951

Navalcán 29

del Águila

El Real de S. Vicente

Escalona 41 Valmoja

Camarena

32

B 26

Maqueda

74

A 40 12

Fuensalida

N 403 27 **AP 40**

A 5 - E 90 Sta Olalla 30

Torrijos 16

Escalonilla

41 29 Bargas

Velada 17

21 **123** **106** 19

33 13 1

Talavera de la Reina 21 Cebolla

16 El Carpio de Tajo

18 33

Oropesa 24

P **Lagartera**

CM 4 15

Calera y Chozas 34

31

La Pueblanueva

S. Bartolomé de las Abiertas

23

La Puebla de Montalbán

TOLEDO

P

El Puente del Arzobispo

1

Polán

P Layos

Embalse de Azután

N 502

Belvis de la Jara 10

Alcaudete de la Jara

25

CM 401

Embalse de Castrejón 26

E. de Guajaraz

42 **CM 401** 31

1084 △

Sonseca

16

La Nava de Ricomalillo 37

CM 4171 47

Los Navalmorales

CM 401

S. Martín de Montalbán

Gálvez

11

Cuerva 21

22

CM 411

Los Navalucillos

1279 △ **Cumbre Alta**

Navahermosa

99

Menasalbas 32

15

24

Las Ventas con Peña Aguilera

Los Y

Sevilleja de la Jara

802 **N 502**

Puerto de S. Vicente

36 **EX 102** 37

△ 1419 **Corral de Cantos**

M O N T E S   D E   T O L E D O

34

62

Anchuras

96

Retuerta del Bullaque

El Molinillo

2

18 **N 502**

Castilblanco 10

X 316

110

Embalse de Cijara

Embalse de Garcia de Sola

17

Horcado de los Montes

E. de Torre de Abraham

Machero 1010 △

Alcoba de los Montes

Río Bullaque 40

Los Cortijos

31

Herrera del Duque 28

12 **N 502**

Fuenlabrada de los Montes

Arroba de los Montes

El Robledo

Porzuna 27 Ma

516 **N 430**

EX 103 23

Pto de los Carneros 10

27

Puebla de D. Rodrigo

50

16

Río Guadiana

39

P° de la Peralosa

729

Fernán Caballero

CM 412

E. de El Vicario

G

A

Siruela

29

36

116

Piedrabuena

N 430

23

3

Agudo 31

N 502

Saceruela

45

Luciana

Ciudad Real

SP

27

CM 415

CM 4110

Abenójar

CM 420

Pozue de Cala

48

Almadén

N 502

826 △

CM 4112 49

Caracuel

39

A 41 40

Ar illa de eva

CM 413 Aldea del

19

Almaden

C 424

Río Valdeazog

46

26

Almodóvar

A

B

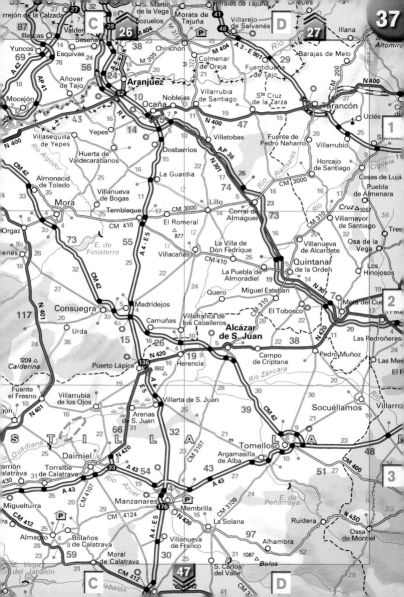

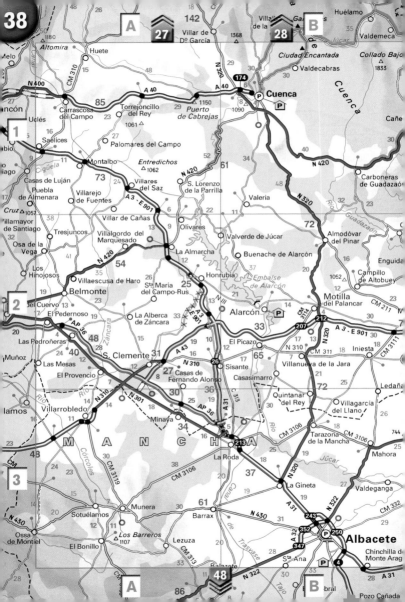

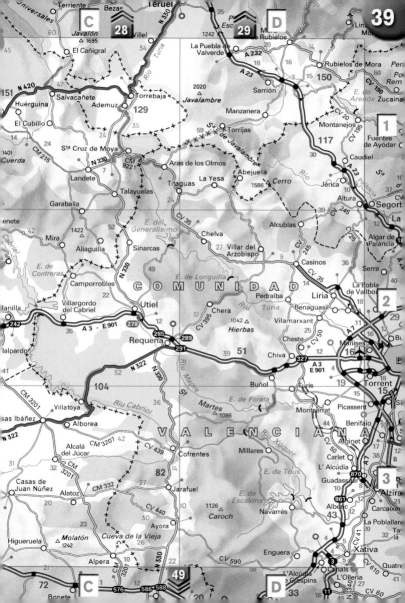

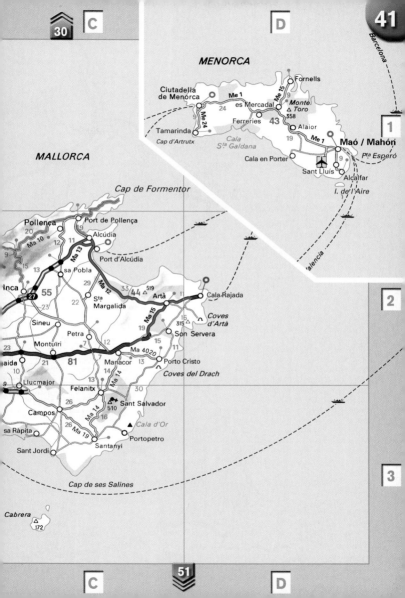

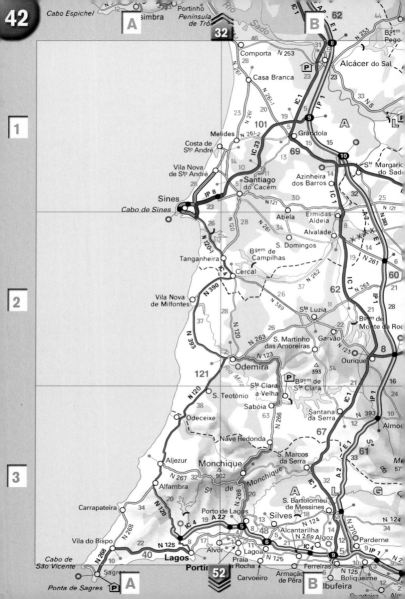

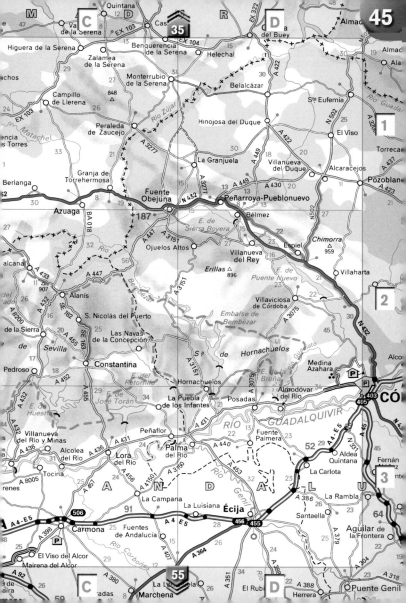

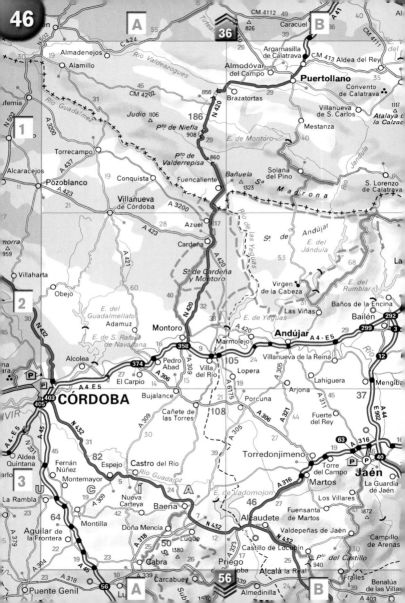

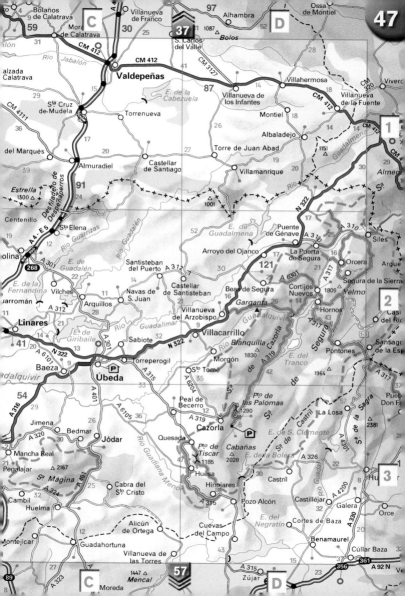

Bolaños
de Calatrava
59
Mora
de Calatrava
C
97 A
Villanueva
de Franco
37 Ossa
de Montiel
D
31
CM 412
30
S. Carlos
del Valle
1087
Alhambra
Bolos
52
28

CM 412
CM 412
Valdepeñas
87
CM 3127
41
Villahermosa
14
18
Villanueva
de la Fuente
CM 320 Viver
CM 412

Río Jabalón

alzada
Calatrava
Sta Cruz
de Mudela
15
E. de la
Cabezuela
Villanueva de
los Infantes
Montiel
18
14
Guadalmena
CM 412
CM 4

29
CM 4111
Torrenueva
26
Albaladejo
1151
14
Sª
29

del Marqués
36
17
Almuradiel
20
Castellar
de Santiago
27
Torre de Juan Abad
19
Villamanrique
1001
Río
N 322
S
A 310
Almen
Sª
Estrella
1300 △
91
Desfiladero de
Despeñaperros
24
E. de
Guadalmena
52
Puente
de Génave
17
A 310
25
Siles
Argue

Centenillo
Sta Elena
Río Guarrizas
Río Guadalén
Arroyo del Ojanco
La Puerta
de Segura
121
A 317
16
Orcera
Segura de la Sierra
Yelmo

olina
A 4 - E5
268
12
A 301
E. de
Guadalén
Santisteban
del Puerto
A 312
30
A 6301
1809
Cortijos
Nuevos
Bea de Segura
14
Hornos
A 317

E. de la
Fernandina
Vilches
11
Navas de
S. Juan
Castellar
de Santisteban
16
Garganta
26
1-5

jarromán
A 312
Arquillos
28
21
Villanueva
del Arzobispo
9
Guadalquivir
Segura
Casi
del Rí

11
Linares
21
13
A 301
E. de
Giribaile
Sabiote
N 322
Villacarrillo
Río Blanquilla
Cazorla
Pontones
Santiago
de la Es

41
20
N 322
A 6101
9
Torreperogil
Morgón
1830
A 319
E. del
Tranco
1964
A 317

Baeza
P
Úbeda
A 315
33
Sto Tomé
A 6204
35
dalquivir

54
A 316
29
A 401
Peal de
Becerro
12
A 319
Pto de
las Palomas
1290
Sª
Castril
La Losa
A 420
A 330
2381
Pueb
Don F
Hu
3

Jimena
A 320
Bedmar
26
A 6105
Cazorla
P
Cabañas
2028
E. de la Bolera
A 326
Castilléjar
Galera
Orce

Mancha Real
Jódar
Quesada
Pto de
Tiscar
1185
Sª de Castril
Castril
Río Guadiana Menor
E. del
Negratín
Cortes de Baza
Benamaurel
Cúllar Baza

Pegalajar
2167
Sª Mágina
Huesa
30
2
A 200
Galera

Cambil
Huelma
32
A 324
Cabra del
Sto Cristo
25
Hinojares
A 315
Pozo Alcón
Castilléjar
A 330
20
Orce

Montejícar
A 323
Guadahortuna
Alicún
de Ortega
Cuevas
del Campo
43
A 315
Zújar
356
361
A 92 N

89
C
1447 △
Mencal
57
Moreda
D
23

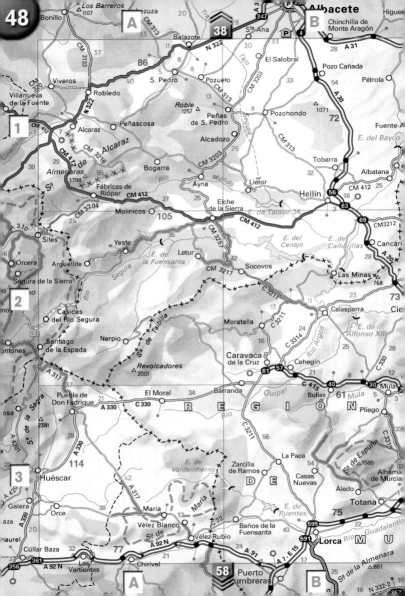

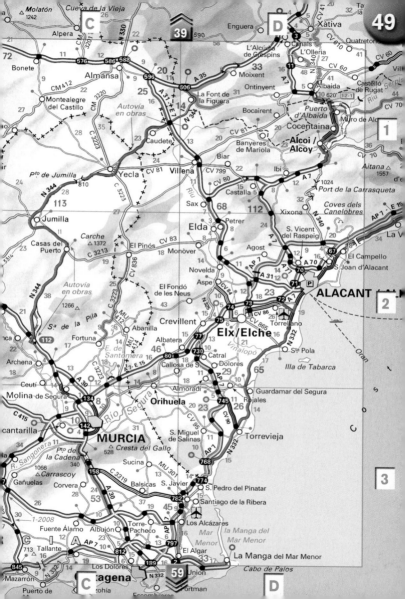

IBIZA

Cala de Portinatx

Sant Miquel de Balansat
Sant Joan de Labritja
△ *Furnäs*
412
C 733
27
Sant Antoni de Portmany
C 731
Sta Eulària des Riu
16
Sant Josep de sa Talaia
PM 803 E20
487 △
Eivissa/Ibiza
Talaiassa
16
l. Vedrá

1

Formentera

Sant Francesc de Formentera
es Caló
△ 192 Pta Rotja
Cap de Barbaria

LANZAROTE
Haría

ATLÁNTICO
Teguise
58
29
Parque nacional de Timanfaya
△510
40
Arrecife

O
Playa Blanca

RIAS
Cádiz
Corralejo

FUERTEVENTURA
40
La Oliva
31
64
Puerto del Rosario
Betancuria
P Playa Blanca
Pájara
43
UZ DE TENERIFE
Tuineje
50
Gran Tarajal
807
△
Punta de Jandía
Morro Jable
Gáldar Arucas
aete
24
LAS PALMAS DE GRAN CANARIA
42 P
1450
25
Telde
e Tejeda △1949
52
62
86
GC-1
RIA
Maspalomas

2

Cap
Tarfa

3

Tah
75

Dawra

MAROC

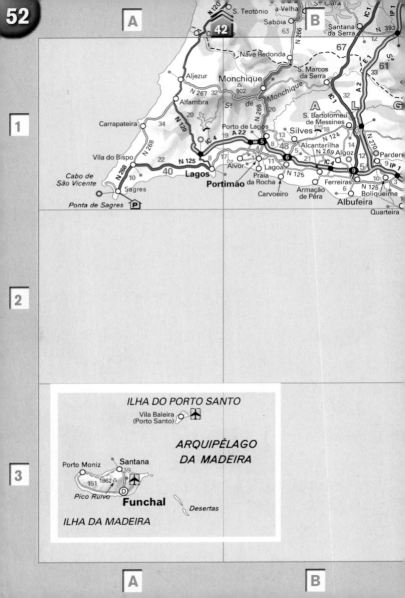

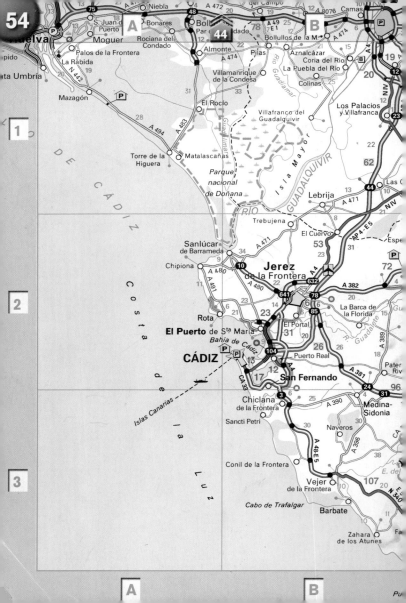

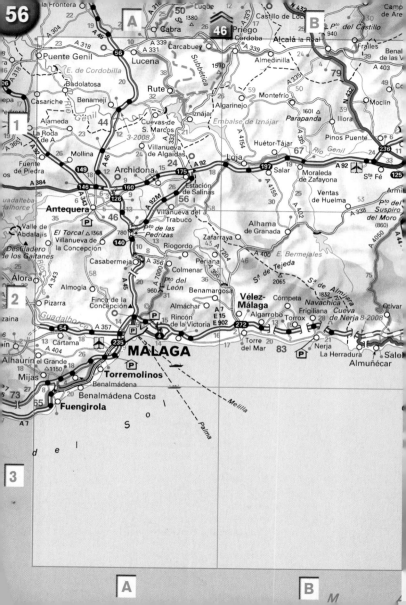

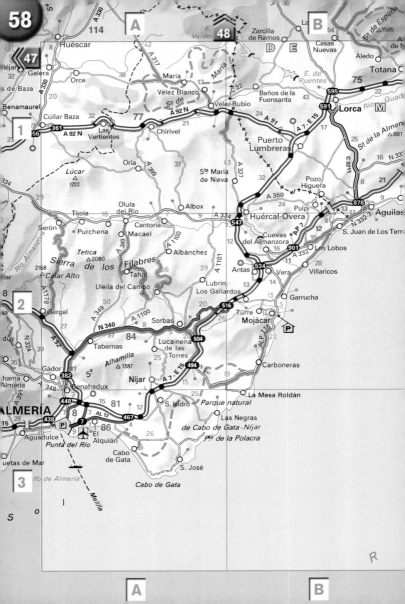

A distance table (road distances in km) between Spanish and Portuguese cities.

	Alacant / Alicante	Albacete	Almería	Andorra la Vella	Badajoz	Barcelona	Bilbao	Burgos	Cáceres	Cádiz	Coimbra	Córdoba	A Coruña	Donostia-San Sebastián	Faro	Granada	León	Lisboa
	168																	
	295	360																
	685	692	961															
	806	641	651	1012														
	541	549	818	197	1026													
	805	640	946	601	731	617												
	649	484	784	597	575	613	160											
	723	558	670	930	131	946	610	453										
	717	605	461	1257	363	1155	983	827	383									
	931	766	969	1152	361	1167	698	542	344	677								
	515	347	367	999	297	896	795	639	317	263	649							
	1019	854	1139	1098	768	1113	558	488	673	1047	419	989						
	795	701	1007	456	792	571	98	222	670	1045	760	857	652					
	800	682	613	1332	393	1231	1051	894	451	319	442	340	848	1115				
	362	366	180	1025	498	885	821	665	518	369	850	235	1016	885	452			
	765	600	885	781	540	797	344	188	418	793	488	734	323	408	860	757		
	1032	867	799	1238	237	1254	867	710	314	512	206	529	613	931	277	640	672	
	535	543	817	152	860	182	451	448	778	1105	1002	849	950	406	1181	872	627	1088
	674	614	925	473	704	488	138	135	583	957	673	769	621	162	1025	793	314	839
	419	254	545	613	401	629	396	240	319	654	507	395	596	460	722	418	339	629
	478	482	207	1141	460	1001	937	781	480	253	811	165	1130	1001	414	131	873	611
	83	147	224	737	785	594	785	629	702	645	913	479	1000	849	728	291	743	925
	875	710	994	883	650	899	285	298	528	902	598	844	298	381	970	867	126	784
	676	691	952	475	782	491	157	212	660	1034	750	847	696	79	1102	870	391	916
	981	816	1073	1167	472	1183	714	557	454	787	121	758	304	777	552	914	399	315
	631	466	751	851	337	867	397	241	215	590	305	601	461	461	657	624	204	471
	831	666	972	699	698	715	101	185	577	951	667	822	467	197	1019	845	275	833
	517	351	636	706	472	722	360	204	390	725	479	486	566	424	792	509	310	645
	607	496	420	1143	242	1045	862	705	262	126	593	150	924	926	196	260	667	393
	413	248	493	683	364	699	479	323	281	599	579	343	667	543	676	366	410	592
	179	187	443	500	752	357	655	585	669	790	873	521	961	610	867	509	704	980
	635	470	755	724	451	740	287	131	330	704	420	605	441	351	772	628	184	586
	1024	858	1143	1163	619	1179	709	553	602	934	270	993	163	773	699	1016	395	463
	760	595	901	555	685	570	66	115	564	938	654	750	600	114	1006	773	295	820
	508	547	785	309	713	325	305	302	631	958	856	702	786	260	1034	725	481	941

DISTANCIAS ENTRE LAS CIUDADES PRINCIPALES

El kilometraje está calculado desde el centro de la ciudad y por la carretera más práctica para el automovilista, que no tiene porqué ser la más corta.

DISTANCIAS ENTRE AS CIDADES PRINCIPAIS

As distâncias são calculadas desde o centro da cidade e pela estrada mais prática para o automobilista mas que não é necessariamente a mais curta.

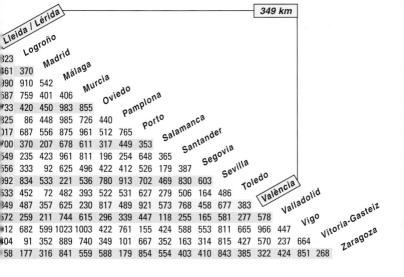

349 km

Lleida / Lérida	Logroño	Madrid	Málaga	Murcia	Oviedo	Pamplona	Porto	Salamanca	Santander	Segovia	Sevilla	Toledo	València	Valladolid	Vigo	Vitoria-Gasteiz	Zaragoza
323																	
461	370																
990	910	542															
587	759	401	406														
733	420	450	983	855													
825	86	448	985	726	440												
017	687	556	875	961	512	765											
700	370	207	678	611	317	449	353										
549	235	423	961	811	196	254	648	365									
656	333	92	625	496	422	412	526	179	387								
992	834	533	221	536	780	913	702	469	830	603							
533	452	72	482	393	522	531	627	279	506	164	486						
849	487	357	625	230	817	489	921	573	768	458	677	383					
672	259	211	744	615	296	339	447	118	255	165	581	277	578				
112	682	599	1023	1003	422	761	155	424	588	553	811	665	966	447			
404	91	352	889	740	349	101	667	352	163	314	815	427	570	237	664		
58	177	316	841	559	588	179	854	554	403	410	843	385	322	424	851	268	

ÍNDICE DE LOCALIDADES

12 B2 : Envio a la página del atlas y cuadrícula correspondiente

ÍNDICE DAS LOCALIDADES

12 B2 : Número da página e coordenadas da quadrícula

Andorra

Andorra la Vella	**19** C1	
Encamp	**19** C1	
Escaldes Engordany	**19** C1	
Ordino	**19** C1	
Pas de la Casa	**19** C1	
Sant Juliá de Lória	**19** C2	
Serrat (El)	**19** C
Soldeu	**19** C

España - Espanha

A

A Laracha	**7** D2
Abades	**26** A2
Abadiño	**7** D2
Abanilla	**49** C2
Abejar	**15** C3
Abejuela	**39** D1
Abenójar	**36** B3
Abiego	**17** D2
Abla	**57** D1
Acebo	**24** A3
Acedo	**7** D3
Acehúche	**34** B1
Aceuchal	**34** B3
Adamuz	**46** A2
Adanero	**26** A2
Ademuz	**39** C1
Adra	**57** D2
Adrada (La)	**26** A3
Adradas	**27** D1
Adrall	**18** B2
Agaete	**51** C3
Àger	**18** A3
Agolada	**3** C3
Agost	**49** D2
Agramunt	**18** B3
Ágreda	**16** A3
Aguadulce (Almería)	**57** D2
Aguadulce (Sevilla)	**55** D1
Aguaviva	**29** D2

Agudo	**36** A3
Aguilafuente	**26** B1
Aguilar de Campóo	**6** A3
Aguilar de la Frontera	**46** A3
Aguilar del Alfambra	**29** C3
Águilas	**58** B1
Ahigal	**24** B3
Aigua Blava	**21** D2
Ainsa	**17** D2
Ainzón	**16** B3
Ajo	**6** B1
Alacant / Alicante	**49** D2
Alaejos	**25** D1
Alagón	**16** B3
Alaior	**41** C1
Alameda	**56** A1
Alamillo	**46** A1
Alange	**34** B3
Alanís	**45** C2
Alar del Rey	**6** A3
Alaraz	**25** D2
Alarcón	**38** B2
Alatoz	**39** C3
Alba de Tormes	**25** C2
Albacete	**38** B3
Albaida	**49** D1
Albaladejo	**47** D1
Albalate de Cinca	**17** D3
Albalate de las Noguras	**28** A3
Albalate del Arzobispo	**29** D2
Albánchez	**58** A2

Albarca	**30** B
Albares de la Ribera	**4** B
Albarracín	**28** B
Albatana	**48** B
Albatera	**49** D
Alberca (La)	**24** B
Alberca de Záncara (La)	**38** A
Alberguería de Argañán (La)	**24** A
Alberic	**39** D
Albocàsser	**30** A
Alboloduy	**57** D
Albolote	**56** B
Alborea	**39** C
Albox	**58** A
Albuera (La)	**34** A
Albujón	**49** C
Albuñol	**57** C
Alburquerque	**34** A
Alcadozo	**48** B
Alcalá de Guadaíra	**55** C
Alcalá de Henares	**27** C
Alcalá de la Selva	**29** C
Alcalá de los Gazules	**55** C
Alcalà de Xivert	**30** A
Alcalá del Júcar	**39** C
Alcalá del Río	**44** B
Alcalá la Real	**56** B
Alcampel	**18** A
Alcanices	**12** A
Alcañiz	**29** D
Alcanar	**30** A

Alcántara	**34** A1	Algar de Palància	**40** A2	Almería	**58** A3
Alcantarilla	**49** C3	Algar (El)	**59** D1	Almerimar	**57** D2
Alcaracejos	**45** D1	Algarinejo	**56** B1	Almodóvar del Campo	**46** B1
Alcaraz	**48** A1	Algarrobo	**56** B2	Almodóvar del Pinar	**38** B2
Alcarràs	**30** A1	Algatocín	**55** C2	Almodóvar del Río	**45** D3
Alcaudete	**46** B3	Algeciras	**55** C3	Almogía	**56** A2
Alcaudete de la Jara	**36** A1	Algemesí	**40** A3	Almoguera	**27** C3
Alcaufar	**41** D1	Alginet	**40** A3	Almoharín	**35** C2
Alcázar de San Juan	**37** D2	Algodonales	**55** C2	Almonacid de Toledo	**37** C1
Alcázares (Los)	**49** D3	Algora	**27** D2	Almonacid de Zorita	**27** D3
Alceda	**6** B2	Alhama de Almería	**57** D2	Almonacid de la Sierra	**28** B1
Alcoba de los Montes	**36** B2	Alhama de Aragón	**28** A1	Almonaster la Real	**44** A2
Alcobendas	**26** B3	Alhama de Granada	**56** B1	Almonte	**54** A1
Alcocer	**27** D3	Alhama de Murcia	**48** B3	Almoradí	**49** D2
Alcoi / Alcoy	**49** D1	Alhambra	**37** D3	Almorox	**26** A3
Alcolea	**46** A2	Alhaurín el Grande	**56** A2	Almudévar	**17** C2
Alcolea de Cinca	**17** D3	Alhóndiga	**27** D3	Almuñécar	**56** B2
Alcolea del Pinar	**27** D2	Alía	**35** D2	Almunia de
Alcolea del Río	**45** C3	Aliaga	**29** C3	Doña Godina (La)	**28** B1
Alconchel	**44** A1	Aliaguilla	**39** C2	Almuradiel	**47** C1
Alcora (L')	**40** A1	Alicante / Alacant	**49** D2	Álora	**56** A2
Alcorisa	**29** D2	Alicún de Ortega	**47** C3	Alosno	**43** D3
Alcossebre	**40** B1	Alinyà	**19** C2	Alozaina	**55** D2
Alcover	**31** C1	Aliseda	**34** B2	Alp	**19** C2
Alcoy / Alcoi	**49** D1	Aljucén	**34** B3	Alpera	**39** C3
Alcubierre	**17** C3	Allariz	**11** C1	Alquián (El)	**58** A3
Alcubilla de Avellaneda	**15** C3	Allepuz	**29** C3	Altea	**50** A2
Alcublas	**39** D2	Allo	**8** A3	Altorricón	**18** A3
Alcúdia	**41** C2	Alloza	**29** D2	Altsasu / Alsasua	**8** A3
Alcúdia de Crespins (L')	**39** D3	Almacelles	**18** A3	Altura	**39** D1
Alcudia de Guadix	**57** D1	Almáchar	**56** A2	Altzola	**7** D2
Alcúdia (L')	**39** D3	Almadén	**36** A3	Alustante	**28** B3
Alcuéscar	**34** B2	Almadén de la Plata	**44** B2	Alzira	**40** A3
Aldea de San Nicolás (La)	**51** C3	Almadenejos	**46** A1	Ambasaguas	**5** C3
Aldea del Cano	**34** B2	Almagro	**37** C3	Amer	**20** B2
Aldea del Fresno	**26** A3	Almajano	**15** D3	Ametlla de Mar (L')	**30** B2
Aldea del Rey	**46** B1	Almansa	**49** C1	Amorebieta	**7** D2
Aldea (L')	**30** B2	Almanza	**13** D1	Ampolla (L')	**30** B2
Aldea Quintana	**45** D3	Almaraz	**35** D1	Amposta	**30** B3
Aldeacentenera	**35** D2	Almarcha (La)	**38** A2	Ampudia	**13** D2
Aldeanueva de Ebro	**16** A2	Almargen	**55** C1	Ampuero	**7** C1
Aldeanueva de la Vera	**25** C3	Almarza	**15** D3	Amurrio	**7** C2
Aldeanueva del Camino	**24** B3	Almassora	**40** A1	Amusco	**14** A2
Aledo	**48** B3	Almazán	**27** D1	Añover de Tajo	**37** C1
Alfajarín	**17** C3	Almedinilla	**56** B1	Anchuras	**36** A2
Alfambra	**29** C3	Almeida	**24** B1	Andoain	**8** A2
Alfaro	**16** A2	Almenar	**18** A3	Andorra	**29** D2
Alfarràs	**18** A3	Almenar de Soria	**15** D3	Andosilla	**16** A2
Alfàs del Pi (L')	**50** A2	Almenara	**40** A2	Andraitx / Andratx	**40** B2
Algaba (La)	**44** B3	Almendral	**34** A3	Andratx / Andraitx	**40** B2
Algaida	**41** C2	Almendralejo	**34** B3	Andújar	**46** B2
Algar	**55** C2	Almendro (El)	**43** D3	Anglès	**21** C2

Anglesola	**18** B3	
Angüés	**17** D2	
Anguiano	**15** D2	
Ansó	**9** C3	
Antas	**58** A3	
Antequera	**56** A1	
Antilla (La)	**53** D1	
Aoiz / Agoitz	**8** B3	
Aracena	**44** A2	
Arahal (El)	**55** C1	
Aranda de Duero	**14** B3	
Aranjuez	**37** C1	
Arantzazu	**7** D2	
Aras de los Olmos	**39** C1	
Aravaca	**26** B3	
Arbeca	**30** B1	
Arbúcies	**19** D3	
Archena	**49** C2	
Archidona	**56** A1	
Arcos	**14** B2	
Arcos de Jalón	**28** A1	
Arcos de la Frontera	**55** C2	
Arcos (Los)	**8** A3	
Arcusa	**17** D2	
Ardales	**55** D2	
Ardisa	**17** C2	
Areeta	**7** C1	
Arenas de Cabrales	**5** D2	
Arenas de San Juan	**37** C3	
Arenas de San Pedro	**25** D3	
Arenas de Iguña	**6** A2	
Arenys de Mar	**20** B3	
Ares	**3** C1	
Arévalo	**26** A1	
Argamasilla de Alba	**37** D3	
Argamasilla de Calatrava	**46** B1	
Arganda del Rey	**27** C3	
Argente	**29** C2	
Argentona	**20** B3	
Arguedas	**16** A2	
Arguellite	**48** A2	
Arguis	**17** C2	
Aribe	**8** B3	
Arija	**6** B2	
Ariño	**29** C2	
Ariza	**28** A1	
Arjona	**46** B2	
Arlanzón	**14** B2	
Armilla	**57** C1	
Arnedillo	**15** D2	
Arnedo	**16** A2	
Arnés	**30** A2	
Aroche	**44** A2	
Arquillos	**47** C2	
Arrabal	**10** A1	
Arrasate / Mondragón	**7** D2	
Arrecife	**51** D2	
Arredondo	**6** B2	
Arrigorriaga	**7** C2	
Arriondas	**5** D2	
Arroba de los Montes	**36** A3	
Arroyo de San Serván	**34** B3	
Arroyo del Ojanco	**47** D2	
Arroyo de la Luz	**34** B2	
Arroyomolinos de Léon	**44** B2	
Arroyomolinos de Montánchez	**35** C2	
Artà	**41** C2	
Artajona	**8** A3	
Artea	**7** D2	
Artés	**19** C3	
Artesa de Segre	**18** B3	
Arties	**18** B1	
Artziniega	**7** C2	
Arucas	**51** C3	
Arzúa	**3** C2	
Ascó	**30** B1	
Asín	**16** B2	
Aspe	**49** D2	
Astillero (El)	**6** B1	
Astorga	**12** B1	
Astudillo	**14** A2	
Ataquines	**25** D1	
Ateca	**28** B1	
Atienza	**27** D1	
Atios	**3** C1	
Atzeneta del Maestrat	**40** A1	
Auritz / Burguete	**8** B2	
Autol	**16** A2	
Ávila	**26** A2	
Avilés	**5** C1	
Avión	**10** B1	
Ayamonte	**53** D1	
Ayerbe	**17** C2	
Ayllón	**27** C1	
Ayna	**48** A1	
Ayora	**39** C3	
Azaila	**29** D1	
Azkoitia	**7** D2	
Aznalcázar	**54** B1	
Aznalcóllar	**44** B3	
Azohía (La)	**59** C1	
Azpeitia	**8** A2	
Azuaga	**45** C1	
Azuara	**29** C?	
Azuel	**46** A?	
Azuqueca de Henares	**27** C?	

B

Baamonde	**3** D?	
Badajoz	**34** A?	
Badalona	**20** B?	
Badolatosa	**56** A?	
Badules	**28** B?	
Baena	**46** A?	
Baeza	**47** C?	
Bàga	**19** C?	
Bailén	**46** B?	
Baio	**2** B?	
Baiona	**10** A?	
Baiuca (A)	**2** B?	
Bakio	**7** D?	
Balaguer	**18** A?	
Balanegra	**57** D?	
Balazote	**48** A?	
Balerma	**57** D?	
Ballobar	**17** D?	
Balmaseda	**7** C?	
Balneario de Panticosa	**9** D?	
Balsareny	**19** C?	
Balsicas	**49** C?	
Baltanás	**14** A?	
Baltar	**11** C?	
Bañeza (La)	**12** B?	
Bañón	**29** C?	
Baños de Cerrato	**14** A?	
Baños de Guardias Viejas (Los)	**57** D?	
Baños de la Encina	**46** B?	
Baños de la Fuensanta	**48** B?	
Baños de Molgas	**11** C?	
Baños de Montemayor	**24** B?	
Bande	**11** C?	
Banyalbufar	**40** B?	
Banyeres de Mariola	**49** D?	
Banyoles	**21** C?	
Baqueira	**18** B?	
Barajas de Melo	**37** D?	
Barakaldo	**7** C?	
Baralla	**3** D?	
Barahona	**27** D?	
Barbadillo del Mercado	**15** ??	
Barbastro	**17** D?	
Barbate	**54** B?	
Barca de la Florida (La)	**54** B?	

arcarrota ... **44** A1
arcelona ... **20** B3
arco de Ávila (El) ... **25** C3
arco (O) ... **12** A1
arcones ... **27** D1
argas ... **36** B1
arlovento ... **50** A3
arrachina ... **29** C2
arraco ... **26** A3
arranda ... **48** B2
arrax ... **38** A3
arrela (La) ... **3** C3
arrios (Los) ... **55** C3
arruecopardo ... **24** A1
arruelo de Santullán ... **6** A2
àscara ... **21** C1
asconcillos del Tozo ... **6** B3
atea ... **30** A2
aza ... **57** D1
eariz ... **2** B3
eas ... **44** A3
eas de Segura ... **47** D2
easain ... **8** A2
ecedas ... **25** C3
eceite ... **30** A2
ecerreá ... **3** D3
ecilla de Valderaduey ... **13** C2
edmar ... **47** C3
egues ... **20** A3
egur ... **21** C2
ehobia ... **8** A2
éjar ... **25** C3
el ... **30** A3
elalcázar ... **45** D1
elchite ... **29** C1
elianes ... **30** B1
ell-lloc d'Urgell ... **18** A3
ellcaire d'Urgell ... **18** B3
ello ... **28** B2
ellpuig ... **18** B3
ellver de Cerdanya ... **19** C2
élmez ... **45** D2
elmonte ... **38** A2
elmonte de Miranda ... **4** B2
elorado ... **15** C1
elver ... **17** D3
elvís de la Jara ... **36** A1
embibre ... **4** B3
enabarre ... **18** A2
enaguasil ... **39** D2
enahadux ... **58** A2
enalmádena ... **56** A2

Benalmádena-Costa ... **56** A2
Benalúa de Guadix ... **57** C1
Benalúa de las Villas ... **56** B1
Benamargosa ... **56** A2
Benamaurel ... **47** D3
Benamejí ... **56** A1
Benaoján ... **55** D2
Benasal ... **29** D3
Benasque ... **18** A1
Benavente ... **13** C2
Benavides ... **12** B1
Benicarló ... **30** A3
Benicasim / Benicàssim ... **40** B1
Benicàssim / Benicasim ... **40** B1
Benidorm ... **50** A2
Benifaió ... **40** A3
Benissa ... **50** A2
Benquerencia
de la Serena ... **45** C1
Bera / Vera de Bidasoa ... **8** A2
Berbegal ... **17** D3
Berberana ... **7** C2
Beret ... **18** B1
Berga ... **19** C2
Bergara ... **7** D2
Berja ... **57** D2
Berlanga ... **45** C1
Berlanga de Duero ... **27** D1
Bermeo ... **7** D1
Bermillo de Sayago ... **12** B3
Bertamiráns ... **2** B2
Berzocana ... **35** D2
Besalú ... **21** C1
Besande ... **5** D3
Betancuria ... **51** D3
Betanzos ... **3** C2
Betelu ... **8** A2
Bétera ... **40** A2
Beteta ... **28** A3
Bezas ... **28** B3
Béznar ... **57** C2
Biar ... **49** D1
Biasteri / Laguardia ... **7** D3
Bielsa ... **18** A1
Bienvenida ... **44** B1
Biescas ... **9** D3
Bilbao ... **7** C2
Binaced ... **17** D3
Binéfar ... **18** A3
Bisbal de Falset (La) ... **30** B1
Bisbal d'Empordà (La) ... **21** C2
Blanca ... **49** C2

Blanes ... **21** C3
Boal ... **4** A2
Bocairent ... **49** D1
Boceguillas ... **26** B1
Bodón (El) ... **24** A2
Boecillo ... **13** D3
Boeza ... **4** B3
Bogarra ... **48** A1
Boiro ... **2** B3
Bóixols ... **18** B2
Bolaños de Calatrava ... **37** C3
Bollullos de la Mitación ... **43** B3
Bollullos Par
del Condado ... **44** A3
Bolo (O) ... **11** D1
Boltaña ... **17** D2
Boñar ... **5** C3
Bonares ... **44** A3
Bonete ... **49** C1
Bonillo (El) ... **38** A3
Borges Blanques (Les) ... **30** B1
Borja ... **16** B3
Bornos ... **55** C2
Borriana / Burriana ... **40** A1
Borriol ... **40** A1
Bosque (El) ... **55** C2
Bossòst ... **18** A1
Bóveda ... **3** D3
Bóveda de Toro (La) ... **13** C3
Brañosera ... **6** A2
Brazatortas ... **46** B1
Brea ... **28** B2
Breda ... **20** B2
Brenes ... **45** C3
Brihuega ... **27** D2
Briviesca ... **7** C3
Bronchales ... **28** B3
Broto ... **9** D3
Brozas ... **34** B1
Brués ... **3** C3
Brunete ... **26** B3
Buenache de Alarcón ... **38** B2
Buenavista de Valdavia ... **13** D1
Buendía ... **27** D3
Bueu ... **10** B1
Buitrago del Lozoya ... **26** B3
Bujalance ... **46** A2
Bujaraloz ... **29** D1
Bullas ... **48** B3
Buñuel ... **16** B3
Buñol ... **39** D2
Burbáguena ... **28** B2

Burela	3	D1
Burgo (El)	55	D2
Burgo de Osma (El)	15	C3
Burgohondo	25	D3
Burgo Ranero (El)	13	D1
Burgos	14	B1
Burgui / Burgi	9	C3
Burguillos del Cerro	44	A1
Burjassot	40	A1
Burriana / Borriana	40	A1
Busto de Bureba	7	C3

C

Cabaco (El)	24	B2
Cabañaquinta	5	C2
Cabanes	40	A1
Cabeza del Buey	35	D3
Cabezas de San Juan (Las)	54	B1
Cabezas Rubias	43	D2
Cabezón	13	D3
Cabezón de la Sal	6	A1
Cabezuela del Valle	25	C3
Cabo de Gata	58	A3
Cabra	46	A3
Cabra del Santo Cristo	47	C3
Cabreiros	3	D1
Cabrera (La)	26	B2
Cabrillas	24	B2
Cabuerniga	6	A2
Cacabelos	4	A3
Cáceres	34	B2
Cachafeiro	2	B3
Cádabo (O)	3	D2
Cadalso de los Vidrios	26	A3
Cadaqués	21	D1
Cádiar	57	C2
Cádiz	54	B2
Caión	2	B1
Cala en Porter	41	D1
Cala Rajada	41	D2
Calabor	12	A2
Calaceite	30	A2
Calaf	19	C3
Calafell	31	C1
Calahonda	57	C2
Calahorra	16	A2
Calahorra (La)	57	D1
Calamocha	28	B2
Calañas	44	A3
Calanda	29	D2

Calasparra	48	B2
Calatañazor	15	C3
Calatayud	28	B1
Calatorao	28	B1
Calcena	16	A3
Caldas de Besayas (Las)	6	A1
Caldas de Reis	2	B3
Caldes de Boí	18	B1
Caldes de Malavella	21	C2
Caldes de Montbui	20	B3
Calella	21	C3
Calella de Palafrugell	21	C2
Calera de León	44	B2
Calera y Chozas	36	A1
Caleruega	14	B3
Càlig	30	A3
Callosa de Segura	49	C2
Callosa d'en Sarrià	50	A2
Calonge	21	C2
Calp / Calpe	50	A2
Calpe / Calp	50	A2
Calzada de Calatrava	46	B1
Calzada de Oropesa (La)	35	D1
Calzada de Valdunciel	25	C1
Camaleño	5	D3
Camarasa	18	B3
Camarena	36	B1
Camarillas	29	C3
Camariñas	2	A2
Camarzana de Tera	12	B2
Camas	44	B3
Cambados	2	B3
Cambil	47	C3
Cambre	3	C1
Cambrils	30	B2
Caminomorisco	24	B3
Caminreal	28	B2
Campana (La)	45	C3
Campanario	35	C3
Campanas	8	A3
Campaspero	14	A3
Campello (El)	49	D2
Campillo de Altobuey	38	B2
Campillo de Aragón	28	A1
Campillo de Arenas	46	B3
Campillo de Llerena	45	C1
Campillos	55	D1
Campo	18	A2
Campo de Caso	5	C2
Campo de Criptana	37	D2
Campo del Hospital	3	C1
Campo de Peñaranda (El)	25	D1

Campomanes	5	
Campóo (Alto)	6	
Camporrobles	39	
Campos	41	
Camprodon	19	
Camuñas	37	
Cañada de Benatanduz	29	
Cañamero	35	
Cañaveral	34	
Cañaveral de Léon	44	
Cañaveras	27	
Cañete	39	
Cañete de las Torres	46	
Cañete la Real	55	
Cañiza (A)	10	
Cañizal	25	
Canales	15	
Canals	49	
Cancarix	48	
Candanchú	9	
Candás	5	
Candasnos	30	
Candelario	25	
Candeleda	25	
Canero	4	
Canet de Mar	20	
Canfranc-Estación	9	
Cangas	10	
Cangas del Narcea	4	
Cangas de Onis	5	
Caniles	57	
Canjáyar	57	
Cantalapiedra	25	
Cantalejo	26	
Cantalpino	25	
Cantavieja	29	
Cantillana	45	
Cantoral	6	
Cantoria	58	
Cañigral (El)	39	
Caparroso	16	
Capellades	20	
Capileira	57	
Capmany	21	
Caracuel de Calatrava	36	
Caravaca de la Cruz	48	
Carbajales de Alba	12	
Carballiño	11	
Carballo	2	
Carboneras	58	
Carboneras de Guadazaón	38	

arbonero el Mayor	**26** A1	Cascante	**16** A2	Castromonte	**13** D3
arcaboso	**24** B3	Casetas	**16** B3	Castronuevo	**13** C3
arcabuey	**56** A1	Casicas del Río Segura	**48** A2	Castronuño	**13** C3
arcagente / Carcaixent	**40** A3	Casillas de Coria	**24** A3	Castropol	**4** A1
arcaixent / Carcagente	**40** A3	Casinos	**39** D2	Castrotierra	**13** C1
arcastillo	**16** B2	Caspe	**30** A1	Castroverde	**3** D2
ardedeu	**19** D3	Cassà de la Selva	**21** C2	Castroverde
ardeña	**46** A2	Castalla	**49** D1	de Campos	**13** C2
ardenete	**38** B2	Castejón	**16** A2	Castuera	**35** D3
ardona	**19** C3	Castejón de Monegros	**17** D3	Catoira	**2** B3
ariñena	**29** C1	Castejón de Sos	**18** A1	Catral	**49** D2
ariño	**3** C1	Castejón de Valdejasa	**16** B3	Caudete	**49** C1
arlet	**39** D3	Castell de Ferro	**57** C2	Caudiel	**39** D1
arlota (La)	**45** D3	Castell de Guadalest (El)	**50** A2	Cazalla de la Sierra	**45** C2
armona	**45** C3	Castellar de la Muela	**28** B2	Cazorla	**47** D3
arnota	**2** A2	Castellar de Santiago	**47** C1	Cea	**3** C3
arolina (La)	**47** C2	Castellar de Santisteban	**47** D2	Cebolla	**36** A1
arpio (El)	**46** A2	Castellar del Vallès	**20** B3	Cebreros	**26** A3
arpio de Tajo (El)	**36** B1	Castelldans	**30** B1	Ceclavín	**34** B1
arracedelo	**12** A1	Castelldefels	**20** A3	Cedeira	**3** C1
arral	**3** C2	Castellfollit de la Roca	**20** B1	Cedillo	**33** D1
arrascosa del Campo	**38** A1	Castelló de la Plana /		Cedrillas	**29** C3
arreña	**5** D2	Castellón de la Plana	**40** A1	Cehegín	**48** B2
arrenza	**7** C2	Castelló de Rugat	**49** D1	Celanova	**11** C1
arrió	**3** C2	Castelló d'Empúries	**21** C1	Cella	**28** B3
arrión de Calatrava	**37** C3	Castellolí	**20** A3	Cenicero	**7** D3
arrión de los Condes	**13** D1	Castellón de la Plana /		Centelles	**19** D3
arrizo de la Ribera	**13** C1	Castelló de la Plana	**40** A1	Centenillo (El)	**46** B2
artagena	**59** C1	Castellote	**29** D2	Cercedilla	**26** B2
ártama	**56** A2	Castellterçol	**19** D3	Cerdedo	**2** B3
artaya	**43** D3	Castelserás	**29** D2	Cerezo de Riotirón	**7** C3
asabermeja	**56** A2	Castilblanco	**35** D2	Cerezo de Abajo	**26** B1
asaio	**12** A1	Castilblanco de		Cerler	**18** A1
asalarreina	**7** C3	los Arroyos	**44** B3	Cerro de Andévalo (El)	**44** A2
asar (El)	**27** C2	Castilleja del Campo	**44** B3	Cervatos	**6** A2
asar de Cáceres	**34** B1	Castilléjar	**47** D3	Cervatos de la Cueza	**13** D1
asarabonela	**55** D2	Castillejo de Martín Viejo	**24** A2	Cervera	**18** B3
asares	**55** C3	Castillo de		Cervera de la Cañada	**28** B1
asares de las Hurdes	**24** B2	las Guardas (El)	**44** B3	Cervera de Pisuerga	**6** A2
asariche	**56** A1	Castillo de Locubín	**46** B3	Cervera del Río Alhama	**16** A2
asas de Don Pedro	**35** D3	Castilruiz	**16** A3	Cervo	**3** D1
asas de		Castrejón	**25** D1	Cespedosa	**25** C2
Fernando Alonso	**38** A2	Castril	**47** D3	Cetina	**28** A1
asas de Juan Núñez	**39** C3	Castrillo de la Reina	**15** C2	Ceutí	**49** C2
asas de Luján	**37** D1	Castrillo de Villavega	**6** A3	Cevico de la Torre	**14** A2
asas de Miravete	**35** C1	Castro	**3** D2	Chantada	**3** C3
asas del Puerto	**49** C2	Castro Caldelas	**11** D1	Chapinería	**26** A3
asas Ibáñez	**39** C3	Castro del Río	**46** A3	Cheles	**43** D1
asas Nuevas	**48** B3	Castro-Urdiales	**7** C1	Chelva	**39** D2
asasimarro	**38** B2	Castrocalbón	**12** B1	Chera	**39** D2
asatejada	**35** D1	Castrocontrigo	**12** B1	Cheste	**39** D2
asavieja	**25** D3	Castrojeriz	**14** A2	Chiclana de la Frontera	**54** B3

Chinchilla de
  Monte Aragón **38** B3
Chinchón **37** C1
Chipiona **54** A2
Chirivel **58** A1
Chiva **39** D2
Cidones **15** D3
Ciempozuelos **26** B3
Cieza **49** C2
Cifuentes **27** D2
Cillas **28** A2
Cilleros **24** A3
Cilleruelo de Bezana **6** B2
Cinctorres **29** D3
Cintruénigo **16** A2
Ciria **16** A3
Cisneros **13** D2
Cistierna **5** D3
Ciudad Real **36** B3
Ciudad Rodrigo **24** A2
Ciutadella de Menorca **41** D1
Coaña **4** A1
Cobeña **27** D3
Coca **26** A1
Cocentaina **49** D1
Codos **28** B1
Codosera (La) **34** A2
Cofrentes **39** C3
Cogolludo **27** C2
Coín **55** D2
Colinas **54** B1
Colindres **6** B1
Coll de Nargó **18** B2
Colmenar **56** A2
Colmenar de Oreja **37** D1
Colmenar Viejo **26** B2
Colombres **6** A1
Colomera **56** B1
Colunga **5** D2
Coma-ruga **31** C2
Combarro **2** B3
Comillas **6** A1
Cómpeta **56** B2
Congosto de Valdavia **13** D1
Conil de la Frontera **54** B3
Conquista **46** A1
Constantina **45** C2
Consuegra **37** C2
Cope **58** B1
Corconte **6** B2
Corcubión **2** A2
Córdoba **46** A2

Cordobilla de Lácara **34** B2
Corduente **28** A2
Corella **16** A2
Coreses **13** C3
Corgo **3** D3
Coria **24** A3
Coria del Río **54** A2
Corias **4** A2
Coronada (La) **35** C3
Coronil (El) **55** C1
Corral de Almaguer **37** D1
Corralejo **51** D2
Corrales de Buelna (Los) **6** A2
Corrales del Vino **12** B3
Corredoiras **3** C2
Corte de Peleas **34** B3
Cortegada **11** C1
Cortegana **44** A2
Cortes **16** B3
Cortes de Aragón **29** C2
Cortes de Baza **47** D3
Cortes de la Frontera **55** C2
Cortijos de Abajo (Los) **36** B3
Cortijos Nuevos **47** D2
Coruña (A) **3** C1
Corvera **49** C3
Corvera de Toranzo **6** A2
Covadonga **5** D2
Covarrubias **14** B2
Coves de Vonromà (Les) **30** A3
Crevillent **49** D2
Cristianos (Los) **50** B3
Cuacos de Yuste **25** C3
Cualedro **11** C2
Cubel **28** B2
Cubillo (El) **39** C1
Cubo de
  Don Sancho (El) **24** B1
Cubo de
  Tierra del Vino (El) **25** C1
Cudillero **4** B1
Cuéllar **26** A1
Cuenca **38** B1
Cuerva **36** B2
Cuervo (El) **54** B2
Cuevas de San Clemente **14** B2
Cuevas de San Marcos **56** A1
Cuevas del Becerro **55** D2
Cuevas del Campo **47** D3

Cuevas del Valle .... **25** I
Cuevas del Almanzora **58**
Cúllar Baza **58**
Cullera **40**
Cumbre (La) **35**
Cumbres Mayores **44**
Cuntis **2**
Curtis **3**

D

Daimiel **37**
Daimús **50**
Dalías .... **57** I
Daroca **28**
Deba .... **7** I
Degaña **4**
Dehesa de Montejo **6**
Deleitosa **35**
Deltebre **30**
Dénia **50**
Destriana **12**
Deyá **40**
Deza **28**
Diego Álvaro **25**
Diezma **57**
Dolores .... **49** I
Dolores (Los) **59**
Don Benito **35**
Doña María Ocaña .... **57** I
Doña Mencía **46**
Doneztebe / Santesteban **8**
Donostia-San Sebastián **8**
Dosbarrios **37**
Dos Hermanas **54**
Driebes **27**
Dueñas **13**
Dumbría **2**
Durango **7**
Dúrcal **57**
Duruelo **15**

E

Echo **9**
Écija **45**
Egüés **8**
Eibar **7**
Eivissa / Ibiza **51**
Ejea de los Caballeros .... **16** I
Ejido (El) **57**

Fuentelapeña	25 C1
Fuentepinilla	15 C3
Fuenterrabía / Hondarribia	8 A2
Fuentes de Andalucía	45 C3
Fuentes de Ayódar	40 A1
Fuentes de Ebro	29 D1
Fuentes de Léon	44 A2
Fuentes de Nava	13 D2
Fuentes de Oñoro	24 A2
Fuentes de Ropel	13 C2
Fuentes de Valdepero	14 A2
Fuentesaúco	25 C1
Fuentidueña	14 A3
Fuentidueña de Tajo	37 D1
Fuerte del Rey	46 B3
Fustiñana	16 B2

G

Gádor	58 A2
Galapagar	26 B2
Galaroza	44 A2
Galdakao	7 D2
Gáldar	51 C3
Galende	12 A2
Galera	47 D3
Galisteo	24 B3
Gallardos (Los)	58 B2
Gallur	16 B3
Gálvez	36 B1
Gañuelas	49 C3
Gándara	3 C1
Gandesa	30 A2
Gandia	49 A3
Garcia	30 B2
Garciaz	35 D2
Garganta la Olla	25 C3
Garraf	31 D1
Garrafe de Torío	5 C3
Garray	15 D3
Garriga (La)	19 D3
Garrovillas de Alconétar	34 B1
Garrucha	58 B2
Gata	24 A3
Gata de Gorgos	50 A1
Gaucín	55 C3
Gautegiz-Arteaga	7 D2
Gavà	20 A3
Gelsa	29 D1
Gerena	44 B3
Gérgal	58 A2

Gernika-Lumo	7 D2
Gerona / Girona	21 C2
Gerri de la Sal	18 B2
Getafe	26 B3
Getxo	7 C1
Gibraleón	43 D3
Gijón	5 C1
Gimenells	18 A3
Gineta (La)	38 B3
Girona / Gerona	21 C2
Gironella	19 C3
Golpejas	25 C1
Gómara	15 D3
Gombrèn	19 D2
Gomecello	25 C1
Gondomar	10 B1
Gor	57 D1
Gradefes	13 D1
Grado	4 B2
Grado (El)	17 D2
Gran Tarajal	51 D3
Grañén	17 C3
Granada	57 C1
Granadella (La)	30 B1
Granadilla de Abona	50 B3
Grandas de Salime	4 A2
Granja de Torrehermosa	45 C2
Granjuela (La)	45 D1
Granollers	20 B3
Grau de Castelló	40 A1
Grau de València (El)	40 A2
Graus	18 A2
Grávalos	16 A2
Grazalema	55 C2
Griñón	26 B3
Grove (O)	2 A3
Guadahortuna	47 C3
Guadalajara	27 C3
Guadalaviar	28 B3
Guadalcanal	45 C2
Guadalupe	35 D2
Guadarrama	26 B2
Guadassuar	39 D3
Guadiaro	55 C3
Guadix	57 C1
Guarda (A)	10 A1
Guardamar del Segura	49 D3
Guardia (La)	37 C1
Guardia de Jaén (La)	46 B3
Guardo	5 D3
Guareña	35 C2
Guarromán	47 C2

Gudiña (A)	11 D...
Güeñes	7 C...
Guía de Isora	50 ...
Guijo de Granadilla	24 ...
Guijuelo	25 C...
Guillena	44 ...
Güimar	50 ...
Guissona	18 ...
Guitiriz	3 C...
Gumiel de Hizán	14 ...
Guntín de Pallares	3 D...
Gurrea de Gállego	17 C...

H

Haría	51 D...
Haro	7 C...
Helechal	45 D...
Hellín	48 ...
Herencia	37 C...
Hermida (La)	6 A...
Hermigua	50 ...
Hernani	8 A...
Hernansancho	26 A...
Herradura (La)	56 ...
Herrera	55 D...
Herrera de Alcántara	34 A...
Herrera de los Navarros	29 C...
Herrera de Pisuerga	6 A...
Herrera del Duque	35 D...
Herreruela	34 A...
Hervás	24 B...
Higuera de la Serena	45 C...
Higuera de la Sierra	44 B...
Higuera de Vargas	44 A...
Higuera la Real	44 A...
Higueruela	39 C...
Híjar	29 D...
Hinojares	47 D...
Hinojosa de Duero	24 A...
Hinojosa del Duque	45 D...
Hinojosos (Los)	37 D...
Hondarribia / Fuenterrabía	8 A...
Hondón de las Nièves	49 D...
Honrubia	38 A...
Honrubia de la Cuesta	14 B...
Hontalbilla	26 B...
Hontoria del Pinar	15 C...
Horcajada (La)	25 C...
Horcajo de los Montes	36 B...
Horcajo de Santiago	37 D...

Horcajo Medianero	**25** C2
Horche	**27** C3
Hornachos	**44** B1
Hornachuelos	**45** D2
Hornos	**47** D2
Horra (La)	**14** B3
Hortezuela	**27** D1
Hospital de Órbigo	**12** B1
Hospitalet de l'Infant (L')	**30** B2
Hostalric	**21** C2
Hoyo de Pinares (El)	**26** A3
Hoyos	**24** A3
Huélago	**57** C1
Huélamo	**28** A3
Huelma	**47** C3
Huelva	**43** D3
Huércal Overa	**58** B1
Huérguina	**39** C1
Huerta de Valdecarábanos	**37** C1
Huerta del Rey	**14** B3
Huertahernando	**28** A2
Huerto	**17** D3
Huesa	**47** D3
Huesca	**17** C2
Huéscar	**48** A3
Huete	**38** A1
Huétor Santillán	**57** C1
Huétor Tájar	**56** B1
Humada	**6** A3
Humanes	**27** C2

Ibi	**49** D1
Ibiza / Eivissa	**51** D1
Icod de los Vinos	**50** B3
Iglesuela del Cid (La)	**29** D3
Igualada	**20** A3
Ilche	**17** D3
Illana	**27** D3
Illano	**4** A2
Illar	**57** D2
Illescas	**26** B3
Illora	**56** B1
Illueca	**28** B1
Inca	**41** C2
Infiesto	**5** C2
Iniesta	**38** B2
Irixoa	**3** C2
Irún	**8** A2
Irurtzun	**8** A3

Isaba / Izaba	**9** C3
Iscar	**26** A1
Isla	**6** B1
Isla Cristina	**53** D1
Isona	**18** B2
Istán	**55** D2
Iznájar	**56** A1
Iznalloz	**57** C1

Jabugo	**44** A2
Jaca	**9** C3
Jadraque	**27** D2
Jaén	**46** B3
Jana (La)	**30** A3
Jaraba	**28** A1
Jarafuel	**39** C3
Jaraicejo	**35** C1
Jaraiz de la Vera	**25** C3
Jarandilla de la Vera	**25** C3
Játiva / Xàtiva	**39** D3
Jávea / Xàbia	**50** A1
Jerez de la Frontera	**54** B2
Jerez de los Caballeros	**44** A1
Jérica	**39** D1
Jerte	**25** C3
Jimena	**47** C3
Jimena de la Frontera	**55** C3
Jódar	**47** C3
Jonquera (La)	**21** C1
Jumilla	**49** C2
Juneda	**30** B1
Justel	**12** B2

Labacolla	**2** B2
Labajos	**26** A2
Labastida	**7** D3
Lagartera	**35** D1
Laguardia / Biasteri	**7** D3
Laguarres	**18** A2
Laguarta	**17** D2
Laguna (La)	**50** B3
Laguna de Duero	**13** D3
Lahiguera	**46** B2
Lalín	**3** C3
Lalueza	**17** D3
Lanaja	**17** D3
Landete	**39** C1

Langa de Duero	**14** B3
Lanjarón	**57** C2
Lantejuela (La)	**55** D1
Lanzahita	**25** D3
Laperdiguera	**17** D3
A Laracha	**2** B2
Laredo	**7** C1
Laroles	**57** D2
Larraga	**8** A3
Lasarte-Oria	**8** A2
Lastres	**5** D2
Laujar de Andarax	**57** D2
Laxe	**2** A2
Layos	**36** B1
Laza	**11** D1
Lebrija	**54** B1
Lécera	**29** C1
Leciñena	**17** C3
Ledaña	**38** B2
Ledanca	**27** D2
Ledesma	**24** B1
Leganés	**26** B3
Legutiano	**7** D2
Leiro	**11** C1
Leitza	**8** A2
Lekeitio	**7** D1
Lekunberri	**8** A2
León	**13** C1
Lepe	**53** D1
Lérida / Lleida	**18** A3
Lerín	**16** A1
Lerma	**14** B2
Les	**18** A1
Letur	**48** A2
Lezuza	**38** A3
Librilla	**49** C3
Liérganes	**6** B1
Liétor	**48** B1
Lillo	**37** D1
Linares	**47** C2
Linares de Mora	**29** D3
Linares de Riofrío	**24** B2
Línea de la Concepción (La)	**55** C3
Linyola	**18** B3
Liria / Llíria	**39** D2
Llagostera	**21** C2
Llançà	**21** C1
Llanes	**5** D2
Llanos de Aridane (Los)	**50** A3
Llavorsí	**18** B1
Lleida / Lérida	**18** A3

Llera ... **44** B1
Llerena ... **44** B1
Lles de Cerdanya ... **19** C2
Llessui ... **18** B2
Llíria / Liria ... **39** D2
Llodio / Laudio ... **7** C2
Lloret de Mar ... **21** C3
Llosses (Les) ... **19** D2
Llucena ... **40** A1
Llucmajor ... **41** C3
Lobón ... **34** B3
Lobos (Los) ... **58** B2
Lodosa ... **16** A1
Loeches ... **27** C3
Logroño ... **7** D3
Logrosán ... **35** D2
Loja ... **56** B1
Longares ... **29** C1
Lopera ... **46** B2
Lora del Río ... **45** C3
Lorca ... **48** B3
Losa (La) ... **47** D3
Losar de la Vera ... **25** C3
Lozoyuela ... **26** B2
Luanco ... **5** C1
Luarca ... **4** B1
Lubrín ... **58** A2
Lucainena de las Torres ... **58** A2
Lucena ... **56** A1
Luceni ... **16** B3
Luciana ... **36** B3
Ludiente ... **40** A1
Lugo ... **3** D2
Lugones ... **5** C2
Luisiana (La) ... **45** D3
Lumbier ... **8** B3
Lumbrales ... **24** A1
Luna ... **17** C2
Luque ... **46** A3

M

Macael ... **58** A2
Maceda ... **11** C1
Macotera ... **25** D2
Maderuelo ... **14** B3
Madrid ... **26** B3
Madridejos ... **37** C2
Madrigal de la Vera ... **25** C3
Madrigal de las
  Altas Torres ... **25** D1
Madrigalejo ... **35** C2

Madroñera ... **35** C2
Madroño (El) ... **44** A3
Madrona ... **26** A2
Maella ... **30** A2
Magacela ... **35** C3
Magallón ... **16** B3
Magaña ... **16** A3
Magaz ... **14** A2
Magdalena (La) ... **5** C2
Mahón / Maó ... **41** D1
Mahora ... **38** B3
Maials ... **30** A1
Mainar ... **28** B1
Mairena del Alcor ... **45** C3
Málaga ... **56** A2
Malagón ... **37** C3
Malgrat de Mar ... **21** C3
Mallén ... **16** B3
Malpartida de Cáceres ... **34** B2
Malpartida de Plasencia ... **24** B3
Malpica de Bergantiños ... **2** B1
Maluenda ... **28** B1
Manacor ... **41** C2
Mancha Real ... **47** C3
Manga del Mar Menor (La) ... **59** D1
Manilva ... **55** C3
Manises ... **40** A2
Manlleu ... **19** D3
Manresa ... **19** C3
Mansilla de las Mulas ... **13** C1
Mantiel ... **27** D3
Manzanares ... **37** C3
Manzanares el Real ... **26** B2
Manzaneda ... **11** D1
Manzanera ... **39** D1
Maó ... **41** D1
Maqueda ... **36** B1
Maranchón ... **28** A2
Marbella ... **55** D3
Marchamalo ... **27** C2
Marchena ... **55** C1
Marcilla ... **16** A2
Marentes ... **4** A2
María ... **48** A3
Marín ... **2** B3
Markina ... **7** D2
Marmolejo ... **46** B2
Martín de la Jara ... **55** D1
Martín de Yeltes ... **24** B2
Martinet ... **19** C2
Martorell ... **20** A3
Martos ... **46** B3

Mas de Barberáns ... **30** A2
Mas de las Matas ... **29** D2
Masegoso de Tajuña ... **27** D2
Masnou (El) ... **20** B3
Maspalomas ... **51** C3
Massamagrell ... **40** A2
Masueco ... **24** A1
Matalascañas ... **54** A1
Matalebreras ... **16** A3
Matallana de Torío ... **5** C3
Mataró ... **20** B3
Mayorga ... **13** C2
Mazagón ... **54** A1
Mazarete ... **28** A2
Mazarrón ... **59** C1
Medellín ... **35** C3
Medina de Pomar ... **6** B2
Medina de Rioseco ... **13** D2
Medina del Campo ... **25** D1
Medina-Sidonia ... **54** B3
Medinaceli ... **27** D1
Meira ... **3** D2
Melgar de Abajo ... **13** D2
Melgar de Fernamental ... **6** A3
Melide ... **3** C2
Membrilla ... **37** C3
Membrío ... **34** A1
Menasalbas ... **36** B2
Mendavia ... **16** A1
Mengamuñoz ... **25** D2
Mengíbar ... **46** B2
Méntrida ... **26** A3
Mequinenza ... **30** A1
Merca (A) ... **11** C1
Mercadal (es) ... **41** D1
Mérida ... **34** B3
Mesa Roldán (La) ... **58** B3
Mesas (Las) ... **38** A2
Mesón do Vento ... **2** B2
Mestanza ... **46** B1
Mestas (Las) ... **24** B2
Mezquita (A) ... **11** D2
Mezquita de Jarque ... **29** C2
Miajadas ... **35** C2
Miedes ... **28** B1
Mieres ... **5** C2
Miguel Esteban ... **37** D2
Miguelturra ... **37** C3
Mijas ... **56** A2
Milagro ... **16** A2
Millares ... **39** D3
Milmarcos ... **28** A2

Minas (Las) **48** B2
Minas de Riotinto **44** A3
Minaya **38** A3
Minglanilla **39** C2
Mingorría **26** A2
Mira **39** C2
Miraflores de la Sierra **26** B2
Miranda de Ebro **7** C3
Miranda del Castañar **24** B2
Mirueña de
los Infanzones **25** D2
Moaña **10** B1
Mocejón **37** C1
Moclín **56** B1
Mogón **47** D2
Moguer **44** A3
Moià **19** D3
Moixent **49** D1
Mojácar **58** B2
Mojados **13** D3
Molar (El) **26** B2
Molina (La) **19** C2
Molina de Aragón **28** A2
Molina de Segura **49** C3
Molinicos **48** A1
Molinillo (El) **36** B2
Molinos **29** D2
Molins de Rei **20** B3
Mollerussa **18** B3
Mollina **56** A1
Mombeltrán **25** D3
Mombuey **12** B2
Monasterio de Rodilla **6** B3
Moncofa **40** A2
Monda **55** D2
Mondariz **10** B1
Mondéjar **27** C3
Mondoñedo **3** D1
Mondragón / Arrasate **7** D2
Monesterio **44** B3
Monforte de Lemos **3** D3
Monistrol de Montserrat **20** A3
Monòver **49** D2
Monreal del Campo **28** B2
Monroy **35** C1
Monroyo **29** D2
Mont-roig del Camp **30** B2
Montalbán **29** C2
Montalbo **38** A1
Montamarta **12** B3
Montañana **17** C3
Montánchez **35** C2

Montanejos **39** D1
Montblanc **31** C1
Montbrió del Camp **30** B2
Monteagudo
de las Vicarías **28** A1
Montealegre **13** D2
Montealegre del Castillo **49** C1
Montefrío **56** B1
Montehermoso **24** B3
Montejícar **47** C3
Montejo de Tiermes **27** C1
Montellano **55** C1
Montemayor **46** A3
Montemayor de Pililla **14** A3
Montenegro de Cameros **15** D2
Monterroso **3** C3
Monterrubio de la Serena **45** C1
Montiel **47** D1
Montijo **34** B3
Montilla **46** A3
Montoro **46** A2
Montseny **19** D3
Montserrat **39** D3
Montuenga **26** A1
Montuïri **41** C2
Monzón **17** D3
Monzón de Campos **14** A3
Mora **37** C2
Mora de Rubielos **39** D1
Móra d'Ebre **30** B2
Móra la Nova **30** B2
Moraira **50** A2
Moral de Calatrava **37** C3
Moral (El) **48** A3
Moraleda de Zafayona **56** B1
Moraleja **24** A3
Moraleja de Sayago **24** B1
Moraleja del Vino **13** C3
Morales de Rey **12** B2
Morales de Toro **13** C3
Morasverdes **24** B2
Morata de Jalón **28** B1
Morata de Tajuña **27** C3
Moratalla **48** B2
Moreda **57** C1
Morella **29** D3
Morón de Almazán **28** A1
Morón de la Frontera **55** C1
Morro Jable **51** D3
Mosqueruela **29** D3
Mosteiro **2** B3
Móstoles **26** B3

Mota del Cuervo **37** D2
Mota del Marqués **13** C3
Motilla del Palancar **38** B2
Motril **57** C2
Moyuela **29** C1
Mucientes **13** D3
Mudurra (La) **13** D3
Muel **29** C1
Muela (La) **16** B3
Muelas del Pan **12** B3
Mugueimes **11** C2
Mula **48** B3
Muñana **25** D2
Muñico **25** D2
Muñogalindo **25** D2
Munera **38** A3
Mungia **7** D1
Muniesa **29** C2
Murcia **49** C3
Murchante **16** A2
Murguía **7** D2
Murias de Paredes **4** B3
Muro de Alcoy **49** D1
Muros **2** A3
Muxia **2** A2

N

Nadela **3** D2
Nájera **15** D1
Nava **5** C2
Nava de la Asunción **26** A1
Nava de Ricomalillo (La) **36** A1
Nava de Santiago (La) **34** B2
Nava del Rey **25** D1
Navacepeda de Tormes **25** D3
Navacerrada **26** B2
Navaconcejo **24** B3
Navahermosa **36** B2
Navalcán **25** D3
Navalcarnero **26** B3
Navaleno **15** C3
Navalmanzano **26** A1
Navalmoral de la Mata **35** D1
Navalmorales (Los) **36** A1
Navalperal de Pinares **26** A2
Navalucillos (Los) **36** A1
Navaluenga **25** D3
Navalvillar de Pela **35** D3
Navamorcuende **25** D3
Navarredonda de Gredos **25** D3
Navarrés **39** D3

Navarrete	15	D1
Navàs	19	C3
Navas de la Concepción (Las)	45	C2
Navas de San Juan	47	C2
Navas del Madroño	34	B1
Navas del Marqués (Las)	26	A2
Navascués	8	B3
Navas de Oro	26	A1
Navasfrias	24	A3
Navatalgordo	25	D3
Naveros	54	B3
Navia	4	A1
Navia de Suarna	4	A3
Neda	3	C1
Negras (Las)	58	A3
Negreira	2	B2
Neila	15	C2
Nerja	56	B2
Nerpio	48	A2
Nerva	44	A3
Neves (As)	10	B1
Niebla	44	A3
Níjar	58	A2
Noáin	8	A3
Noblejas	37	C1
Nogueira de Ramuín	11	C1
Noguera	28	B3
Noia	2	B3
Noja	6	B1
Nonaspe	30	A1
Novales	17	D3
Novelda	49	D2
Nueva	5	D2
Nueva Carteya	46	A3
Nuévalos	28	B1
Nuevo Baztán	27	C3
Nuez de Arriba (La)	6	B3
Nules	40	A1
Nuñomoral	24	B2
Núria	19	D2

O

Obejo	46	A2
Obón	29	C2
Ocaña	37	C1
Ochagavía	8	B3
Ohanes	57	D2
Oiartzun / Oyarzun	8	A2
Ojén	55	D2
Ojos Negros	28	B2

Ojuelos Altos	45	D2
Olazti/Olazagutia	8	A3
Oleiros	3	C1
Olesa de Montserrat	20	A3
Oliana	18	B2
Oliete	29	C2
Olite	16	A1
Oliva	50	A1
Oliva (La)	51	D2
Oliva de la Frontera	44	A1
Oliva de Mérida	35	C3
Olivares de Júcar	38	A2
Olivenza	34	A3
Olleria (L')	49	D1
Olmedillo de Roa	14	B3
Olmedo	26	A1
Olocau del Rey	29	D3
Olombrada	26	B1
Olost	19	D3
Olot	19	D2
Olula del Río	58	A2
Ólvega	16	A3
Olvera	55	D2
Oña	6	B3
Oñati	7	D2
Onda	40	A1
Ondara	50	A1
Ondarroa	7	D2
Ontaneda	6	B2
Ontiñena	17	D3
Ontinyent	49	D1
Ontur	48	B1
Orba	50	A1
Orce	48	A3
Orcera	47	D2
Ordes	2	B2
Ordizia	8	A2
Orduña	7	C2
Orea	28	B3
Orellana de la Sierra	35	D3
Orellana la Vieja	35	D3
Organyà	18	B2
Orgaz	37	C2
Orgiva	57	C2
Oria	58	A1
Oricáin	8	B3
Orihuela	49	C2
Orihuela del Tremedal	28	B3
Oropesa	35	D1
Oropesa del Mar / Orpesa	40	B1
Orotava (La)	50	B3

Orpesa / Oropesa del Mar	40	B1
Orreaga / Roncesvalles	8	B3
Ortigueira	3	D1
Orusco de Tajuña	27	C3
Osa de la Vega	38	A2
Oseja de Sajambre	5	D3
Osera	29	D1
Osorno la Mayor	6	A3
Ossa de Montiel	37	D3
Osuna	55	D1
Otívar	56	B2
Ourense	11	C1
Ourol	3	D1
Outeiro de Rei	3	D2
Outomuro	11	C1
Oviedo	5	C2
Oyarzun / Oiartzun	8	A2
Oyón	7	D3

P

Paca (La)	48	B3
Padornelo	12	A2
Padrón	2	B3
Padul	57	C2
Pajanosas (Las)	44	B3
Pájara	51	D3
Palacios de la Sierra	15	C2
Palacios de Sanabria	12	A2
Palacios del Sil	4	B3
Palacios y Villafranca (Los)	54	B1
Palafrugell	21	C2
Palamós	21	C2
Palas de Rei	3	C3
Palencia	14	A2
Palma	40	B2
Palma del Condado (La)	44	A3
Palma del Río	45	D3
Palmas de Gran Canaria (Las)	51	C3
Palomares del Campo	38	A1
Palomas	35	C3
Palos de la Frontera	54	A1
Pals	21	C2
Pampliega	14	A3
Pamplona	8	A3
Pancorbo	7	C2
Panes	6	A1
Paracuellos de Jiloca	28	B1
Paradas	55	C1
Parajes	3	D2

Páramo del Sil	**4** A3	
Pardo (El)	**26** B3	
Paredes de Nava	**13** D2	
Pareja	**27** D3	
Parla	**26** B3	
Parlavà	**21** C2	
Pasaia	**8** A2	
Pastrana	**27** C3	
Paternа de Rivera	**54** B1	
Paular (El)	**26** B2	
Paymogo	**43** D2	
Peal de Becerro	**47** C3	
Pedernoso (El)	**38** A2	
Pedrafita do Cebreiro	**4** A3	
Pedrajas de San Esteban	**26** A1	
Pedralba	**39** D2	
Pedralba de la Pradería	**12** A2	
Pedraza de la Sierra	**26** B1	
Pedrera	**55** D1	
Pedro Abad	**46** A2	
Pedro Bernardo	**25** D3	
Pedro Muñoz	**37** D2	
Pedrola	**16** B3	
Pedroñeras (Las)	**38** A2	
Pedrosas (Las)	**17** C2	
Pedroso (El)	**45** C2	
Pegalajar	**47** C3	
Pego	**50** A1	
Peguera	**40** B3	
Peñafiel	**14** A3	
Peñaflor	**45** C3	
Peñaranda de Bracamonte	**25** D2	
Peñaranda de Duero	**14** B3	
Peñarroya-Pueblonuevo	**45** D1	
Peñas de San Pedro	**48** B1	
Peñascosa	**48** A1	
Peñausende	**25** C1	
Peñíscola / Peníscola	**30** A3	
Peníscola / Peñíscola	**30** A3	
Peraleda del Zaucejo	**45** C1	
Peralejos de las Truchas	**28** A3	
Perales de Tajuña	**27** C3	
Perales del Alfambra	**29** C3	
Perales del Puerto	**24** A3	
Peralta	**16** A2	
Peralta de Alcofea	**17** D3	
Perelló (El) (Tarragona)	**30** B2	
Perelló (El) (València)	**40** A3	
Pereruela	**12** B3	
Periana	**56** A2	
Pertusa	**17** D3	
Pesoz	**4** A2	
Petra	**41** C2	
Petrer	**49** D2	
Pétrola	**48** B1	
Picassent	**40** A3	
Picazo (El)	**38** B2	
Piedrabuena	**36** B3	
Piedrafita de Babia	**4** B3	
Piedrahíta	**25** C2	
Piedralaves	**25** D3	
Piedras Albas	**34** A1	
Piedratajada	**17** C2	
Pilas	**54** B1	
Piles	**50** A1	
Piña de Campos	**14** A2	
Pina de Ebro	**29** D1	
Pineda de la Sierra	**15** C2	
Pineda de Mar	**21** C3	
Pinell de Brai (El)	**30** A2	
Pinilla (La)	**27** C1	
Pinofranqueado	**24** B3	
Pinos Puente	**56** B1	
Pinoso / El Pinós	**49** C2	
Pinto	**26** B3	
Pizarra	**56** A2	
Plasencia	**24** B3	
Platja d'Aro (Ciutat)	**21** C2	
Platja de Sant Joan	**49** D2	
Platja i Grau de Gandia	**40** A3	
Playa Blanca (Fuerteventura)	**51** D3	
Playa Blanca (Lanzarote)	**51** D2	
Plaza (La)	**4** B2	
Plencia / Plentzia	**7** C1	
Plentzia / Plencia	**7** C1	
Pliego	**48** B3	
Pobla de Benifassà (La)	**30** A3	
Pobla de Lillet (La)	**19** C2	
Pobla de Massaluca (La)	**30** A1	
Pobla de Segur (La)	**18** B2	
Pobla de Vallbona (La)	**39** D2	
Pobla Llarga (La)	**40** A3	
Pobla Tornesa (La)	**40** A1	
Pobo de Dueñas (El)	**28** B2	
Pobra do Caramiñal (A)	**2** A3	
Poio	**2** B3	
Pola de Allande	**4** A2	
Pola de Gordón (La)	**5** C3	
Pola de Laviana	**5** C2	
Pola de Lena	**5** C2	
Pola de Siero	**5** C2	
Polán	**36** B1	
Pollença	**41** C2	
Pollos	**13** C3	
Pomar	**17** D3	
Ponferrada	**12** A1	
Pont d'Armentera (El)	**31** C1	
Pont de Suert	**18** A2	
Ponte-Caldelas	**10** B1	
Ponteareas	**10** B1	
Ponteceso	**2** B2	
Pontedeume	**3** C1	
Pontenova (A)	**3** D2	
Pontes de García Rodríguez (As)	**3** C1	
Pontevedra	**2** B3	
Pontones	**47** D2	
Ponts	**18** B3	
Porcuna	**46** B3	
Porriño	**10** B1	
Port d'Alcúdia	**41** C2	
Port d'Andratx	**40** B3	
Port de la Selva (El) / Puerto de la Selva	**21** C1	
Port de Llançà (El)	**21** C1	
Port de Pollença / Puerto de Pollença	**41** C2	
Port de Sagunt (El)	**40** A2	
Port de Sóller / Puerto de Sóller	**40** B2	
Portal (El)	**54** B2	
Portalrubio	**29** C2	
Portbou	**21** C1	
Portezuelo	**34** B1	
Portilla de la Reina	**5** D3	
Portillo	**13** D3	
Portman	**59** D1	
Porto do Barqueiro	**3** D1	
Porto do Son	**2** A3	
Porto Cristo	**41** C2	
Portomarín	**3** D3	
Portomouro	**2** B2	
Portonovo	**2** B3	
Portopetro	**41** C3	
Portugalete	**7** C2	
Porzuna	**36** B3	
Posadas	**45** D1	
Potes	**6** A2	
Poveda de la Sierra	**28** A3	
Poza de la Sal	**6** B3	
Pozo de Guadalajara	**27** C3	
Pozo Higuera	**58** B1	
Pozo Alcón	**47** D3	
Pozoblanco	**45** D1	

Pozo Cañada — **48** B1
Pozohondo — **48** B1
Pozondón — **28** B3
Pozuelo — **48** A1
Pozuelo de Calatrava — **37** C3
Pozuelo de Zarzón — **24** A3
Prádena — **26** B1
Prado del Rey — **55** C2
Pradoluengo — **15** C2
Prat de Llobregat (El) — **20** B3
Prat del Comte — **30** A2
Prats de Lluçanès — **19** D3
Pravia — **4** B2
Premià de Mar — **20** B3
Priego — **28** A3
Priego de Córdoba — **56** B1
Proaza — **4** B2
Provencio (El) — **38** A2
Pruna — **55** D1
Puçol — **40** A2
Puebla de Alcocer — **35** D3
Puebla de Almenara — **37** D1
Puebla de Almoradiel (La) — **37** D2
Puebla de Beleña — **27** C2
Puebla de Cazalla (La) — **55** D1
Puebla de Don Fadrique — **48** A3
Puebla de Don Rodrigo — **36** A3
Puebla de Guzmán — **43** D3
Puebla de Híjar (La) — **29** D1
Puebla de la Calzada — **34** B3
Puebla de la Reina — **35** C3
Puebla de Lillo — **5** D3
Puebla de los Infantes (La) — **45** C3
Puebla de Montalbán (La) — **36** B1
Puebla de Obando — **34** B2
Puebla de Sanabria — **12** A2
Puebla de Trives — **11** D1
Puebla de Valverde (La) — **39** D1
Puebla del Río (La) — **54** B1
Pueblanueva (La) — **36** A1
Pueblica de Valverde — **12** B2
Puente de
  Domingo Flórez — **12** A1
Puente de Génave — **47** D2
Puente de los Fierros — **5** C3
Puente de Montañana — **18** A2
Puente del Arzobispo (El) — **35** D1
Puente (El) — **7** C1
Puente-Genil — **56** A1
Puente la Reina — **8** A3
Puente la Reina de Jaca — **9** C3
Puente Viesgo — **6** B1

Puentenansa — **6** A2
Puerta de Segura (La) — **47** D2
Puerto Castilla — **25** C3
Puerto de Béjar — **25** C3
Puerto de la Cruz — **50** B3
Puerto de la Encina — **55** D1
Puerto de la Estaca — **50** A3
Puerto de la Selva /
  El Port de la Selva — **21** C1
Puerto de Mazarrón — **59** C1
Puerto de Pollença /
  Port de Pollença — **41** C2
Puerto de San Vicente — **35** D2
Puerto de
  Santa María (El) — **54** B2
Puerto de Sóller /
  Port de Sóller — **40** B2
Puerto del Rosario — **51** D3
Puerto Lápice — **37** C2
Puerto Lumbreras — **58** B1
Puerto Real — **54** B2
Puerto Serrano — **55** C2
Puertollano — **46** B1
Puig-reig — **19** C3
Puigcerdà — **19** C2
Pulpí — **58** B1
Punta Umbría — **54** A1
Puntagorda — **50** A3
Purchena — **58** A2
Purullena — **57** C1

Q

Quatretonda — **49** D1
Queralbs — **19** D2
Quero — **37** D2
Quincoces de Yuso — **7** C2
Quintana de la Serena — **35** C3
Quintana del Puente — **14** A2
Quintana-Martín Galíndez — **7** C3
Quintana Redonda — **15** D3
Quintanar de la Orden — **37** D2
Quintanar de la Sierra — **15** C2
Quintanar del Rey — **38** B3
Quintanilla de Onésimo — **14** A3
Quinto — **29** D1
Quiroga — **11** D1

R

Rábade — **3** D2

Rábita (La) — **57** C1
Rágama — **25** D1
Rajadell — **19** C3
Ramales de la Victoria — **6** B2
Ramallosa — **2** B3
Ramallosa (A) — **10** A1
Rambla (La) — **46** A3
Rascafría — **26** B1
Rasquera — **30** B2
Rasueros — **25** D1
Real de la Jara (El) — **44** B3
Real de San Vicente (El) — **25** D3
Recuerda — **27** D1
Redondela — **10** B1
Reinosa — **6** A2
Remolinos — **16** B3
Requena — **39** C2
Retortillo de Soria — **27** D1
Retuerta del Bullaque — **36** B2
Reus — **30** B2
Rial — **10** B1
Riaño — **5** D3
Rianxo — **2** B3
Riaza — **27** C1
Riba de Saelices — **28** A2
Riba de Santiuste — **27** D1
Ribadavia — **11** C1
Ribadelago — **12** A2
Ribadeo — **4** A1
Ribadesella — **5** D2
Ribas de Campos — **14** A2
Ribera de Cardós — **18** B1
Ribera del Fresno — **44** B1
Ribes de Freser — **19** D2
Ricla — **28** B1
Ricobayo — **12** B3
Riego de la Vega — **12** B1
Rillo — **29** C2
Rillo de Gallo — **28** A2
Rincón de Soto — **16** A2
Rinconada (La) — **44** B3
Rincón de la Victoria — **56** A2
Riocavado de la Sierra — **15** C2
Riogordo — **56** A2
Rioseco de Tapia — **5** C3
Ripoll — **19** D2
Riumar — **30** B3
Roa de Duero — **14** B3
Robla (La) — **5** C3
Robledillo de Gata — **24** A3
Robledo — **48** A1
Robledo (El) — **36** B2

oledo de Chavela	**26** A3	Saceruela	**36** A3	San Emiliano	**4** B3
ores	**17** C3	Sacramenia	**14** A3	San Esteban	**4** B1
ca de la Sierra (La)	**34** B2	Sada	**3** C1	San Esteban de Gormaz	**15** C3
ca del Vallès (La)	**20** B3	Sádaba	**16** B2	San Esteban del Molar	**13** C3
ciana del Condado	**44** A3	Saelices	**38** A1	San Esteban del Valle	**25** D3
cío (El)	**54** A1	S'Agaró	**21** C2	San Felices	
da (La)	**38** B3	Sagunt / Sagunto	**40** A2	de los Gallegos	**24** A1
da de Andalucía (La)	**55** D1	Sagunto / Sagunt	**40** A2	San Feliú de Guixols /	
da de Isábena	**18** A2	Sahagún	**13** D1	Sant Feliu de Guíxols	**21** C2
deiro	**3** C3	Salamanca	**25** C1	San Fernando	**54** B2
dellar	**17** D2	Salar	**56** B1	San Ildefonso o la Granja	**26** B2
denas	**28** B3	Salardú	**18** B1	San Isidro	**58** A3
diezmo	**5** C3	Salas	**4** B2	San Javier	**49** D3
ales	**49** D2	Salas de los Infantes	**15** C2	San José	**58** A3
mangordo	**35** C1	Salceda (La)	**26** B1	San Juan de los Terreros	**58** B2
meral (El)	**37** C2	Saldaña	**13** D1	San Juan del Olmo	**25** D2
mpido (El)	**53** D1	Saler (El)	**40** A3	San Juan del Puerto	**44** A3
ncal / Erronkari	**9** C3	Salinas	**5** C1	San Leonardo de Yagüe	**15** C3
ncesvalles / Orreaga	**8** B2	Sallent	**19** C3	San Lorenzo de Calatrava	**46** B1
nda	**55** D2	Sallent de Gállego	**9** D3	San Lorenzo de la Parrilla	**38** A1
nquillo (El)	**44** B3	Salmerón	**27** C3	San Luis de Sabinillas	**55** D3
peruelos del Páramo	**13** C1	Salmoral	**25** D2	San Martín de Castañeda	**12** A1
quetas de Mar	**57** D2	Salobral (El)	**48** B1	San Martín de la Vega	**26** B3
sal de la Frontera	**43** D2	Salobreña	**57** C2	San Martín de Mondoñedo	**3** D1
sas / Roses	**21** C1	Salorino	**34** A1	San Martín de Montalbán	**36** B1
ses / Rosas	**21** C1	Salou	**30** B2	San Martín	
ssell	**30** A3	Salvacañete	**39** C1	de Valdeiglesias	**26** A3
ta	**54** A2	Salvaterra de Miño	**10** B1	San Mateo de Gállego	**17** C3
yo (El)	**15** D3	Salvatierra / Agurain	**7** D3	San Miguel de Escalada	**13** C1
zas de Madrid (Las)	**26** B3	Salvatierra de los Barros	**44** A1	San Miguel del Arroyo	**14** A3
a (A)	**11** D1	Sama de Langreo	**5** C2	San Millán de la Cogolla	**15** C3
bena	**14** B1	Samboal	**26** A1	San Millán de Lara	**15** C2
bí	**20** B3	Samos	**3** D3	San Nicolás de Tolentino	**51** C3
bí de Bracamonte	**25** D1	Samper de Calanda	**29** D1	San Nicolás del Puerto	**45** C2
bielos de Mora	**39** D1	San Adrián	**16** A2	San Pedro	**48** A1
bio (El)	**55** D1	San Agustín		San Pedro de Alcántara	**55** D1
eda	**13** D3	del Guadalix	**26** B2	San Pedro de Latarce	**13** C3
eda de Jalón	**16** B3	San Amaro	**11** C1	San Pedro de Mérida	**34** B3
idera	**37** D3	San Andrés		San Pedro del Arroyo	**25** D2
idoms	**30** B2	del Rabanedo	**13** C1	San Pedro del Pinatar	**49** D3
te	**56** A1	San Antonio de Portmany /		San Pedro Manrique	**15** D2
		Sant Antoni de Portmany	**51** C1	San Pol de Mar /	
		San Bartolomé		Sant Pol de Mar	**20** B3
Calobra	**40** B2	de la Torre	**43** D3	San Rafael	**26** A2
Pobla	**41** C2	San Bartolomé		San Roque (A Coruña)	**2** B2
badell	**20** B3	de las Abiertas	**36** A1	San Roque (Cádiz)	**55** C3
bero	**5** D3	San Carlos del Valle	**37** C3	San Sadurniño	**3** C1
biñánigo	**17** D1	San Clemente	**38** A2	San Salvador	
binosa	**50** A3	San Cosme	**3** D1	de Cantamuda	**6** A2
biote	**47** C2	San Cristóbal		San Sebastián	
cedón	**27** D3	de Entreviñas	**13** C2	de la Gomera	**50** B3
		San Cristóbal de la Vega	**26** A1	San Silvestre de Guzmán	**43** D3

San Telmo **44** A2
San Vicente de Alcántara **34** A2
San Vicente
  de la Barquera **6** A1
San Vincente
  de la Cabeza **12** B2
San Vitero **12** A2
Sanchidrián **26** A2
Sancti-Spíritus **24** B2
Sancti Petri **54** B3
Sando **24** B1
Sangarcía **26** A2
Sangenjo / Sanxenxo **2** B3
Sangüesa / Zangoza **8** B3
Sanlúcar de Barrameda **54** B2
Sanlúcar de Guadiana **43** D3
Sanlúcar la Mayor **44** B3
Sant Agustí de Lluçanès **19** D2
Sant Andreu
  de Llavaneres **20** B3
Sant Antoni de Calonge **21** C2
Sant Antoni de Portmany /
  San Antonio de Portmany .. **51** C1
Sant Boi de Lluçanès **19** D3
Sant Carles de la Ràpita **30** B3
Sant Celoni **19** D3
Sant Cugat del Vallès **20** B3
Sant Esteve d'En Bas **19** D2
Sant Feliu de Guíxols /
  San Felíu de Guixols **21** C2
Sant Francesc **51** C1
Sant Hilari Sacalm **19** D3
Sant Hipòlit de Voltregà **19** D3
Sant Joan d'Alacant **49** D2
Sant Joan de Labritja **51** D1
Sant Joan
  de les Abadesses **19** D2
Sant Josep **51** C1
Sant Llorenç de Morunys **19** C2
Sant Lluís **41** D1
Sant Mateu **30** A3
Sant Miguel de Salinas **49** D3
Sant Miquel **51** D1
Sant Pau de Segúries **19** D2
Sant Pol de Mar /
  San Pol de Mar **20** B3
Sant Quirze de Besora **19** D2
Sant Quirze Safaja **19** D3
Sant Ramon **18** B3
Sant Sadurní d'Anoia **20** A3
Sant Vicent del Raspeig **49** D2
Santa Amalia **35** C3

Santa Ana **38** B3
Santa Bárbara **30** A3
Santa Bárbara de Casa **43** D2
Santa Coloma de Farners **21** C2
Santa Coloma de Queralt **31** C1
Santa Colomba de Somoza .. **12** B1
Santa Comba **2** B2
Santa Cristina de Lena **5** C2
Santa Cruz de Campezo **7** D3
Santa Cruz de la Palma **50** A3
Santa Cruz de la Sierra **35** C2
Santa Cruz de la Zarza **37** D1
Santa Cruz de Moya **39** C1
Santa Cruz de Mudela **47** C1
Santa Cruz de Tenerife **50** B3
Santa Cruz del Retamar **26** A3
Santa Elena **47** C2
Santa Eufemia **45** D1
Santa Eugenia /
  Santa Uxia **2** A3
Santa Eulalia **28** B3
Santa Eulalia de Oscos **4** A2
Santa Eulalia del Río /
  Santa Eulària des Riu **51** D1
Santa Eulària des Riu /
  Santa Eulalia del Río **51** D1
Santa Fe **56** B1
Santa Liestra
  y San Quilez **18** A2
Santa Magdalena
  de Pulpís **30** A3
Santa Margalida **41** C3
Santa Margarida
  i els Monjós **20** A3
Santa María de Huerta **28** A1
Santa María de Nieva **58** B1
Santa María de Valverde **12** B2
Santa María del Campo **14** A2
Santa María
  del Campo Rus **38** A2
Santa María del Páramo **13** C1
Santa María
  la Real de Nieva **26** A1
Santa Marina de Valdeón **5** D3
Santa Marina del Rey **12** B1
Santa Marta **34** B3
Santa Marta de Tormes **25** C1
Santa Olalla **36** B1
Santa Olalla del Cala **44** B2
Santa Pau **20** B1
Santa Pola **49** D2
Santa Ponça **40** B3

Santa Susanna **21**
Santa Uxia /
  Santa Eugenia **2**
Santaella **45**
Santander **6**
Santanyí **41**
Santas Martas **13**
Santiago de Alcántara **34**
Santiago de Compostela **2**
Santiago de la Espada **48**
Santiago de la Ribera **49**
Santibáñez de Béjar **25**
Santibáñez de la Peña **5**
Santibáñez de la Sierra **24**
Santibáñez de Vidriales **12**
Santillana del Mar **6**
Santiponce **44**
Santisteban del Puerto **47**
Santo Domingo
  de la Calzada **15**
Santo Domingo de Silos **14**
Santo Tomé **47**
Santoña **6**
Santos (Los) **25**
Santos de Maimona (Los) **44**
Santurtzi **7**
Sanxenxo /
  Sangenjo **2**
S'Arenal **40**
Sariñena **17**
Sarón **6**
Sarracín **14**
Sarral **31**
Sarria **3**
Sarrión **39**
Sástago **29**
Sauca **27**
Saucejo (El) **55**
Sauces (Los) **50**
Saviñán **28**
Sax **49**
Sayatón **27**
Seca (La) **13**
Sedano **6**
Segorbe **40**
Segovia **26**
Segura de la Sierra **47**
Segura de Léon **44**
Segura de los Baños **29**
Selva del Camp (La) **31**
Sena **17**
Sénia (La) **30**

o de Urgel / a Seu d'Urgell **19** C2
úlveda **26** B1
queros **24** B2
rón **58** A2
rón de Nágima **28** A1
rós **30** A1
ra **40** A2
rra de Outes **2** B2
rrada **13** D3
rradilla **35** C1
sa **17** D3
seña **37** C1
sma **16** A1
tcases **19** D2
tenil de las Bodegas **55** D2
u d'Urgell (La) / Seo de Urgel **19** C2
villa **44** B3
villeja de la Jara **36** A2
rra de Fuentes **34** B2
rra de Yeguas **55** D1
rra Nevada **57** C1
güenza **27** D2
es **48** A2
a **40** A3
eda **3** C3
s **21** C2
nancas **13** D3
arcas **39** C2
eu **41** C2
uela **35** D3
ante **38** B2
ges **31** D1
brado dos Monxes **3** C2
covos **48** B2
cuéllamos **37** D3
dupe **7** C2
lana (La) **37** D3
lana de los Barros **34** B3
lana del Pino **46** B1
lares **6** B1
llana **40** A3
ller **40** B2
losancho **25** D2
lsona **19** C3
molinos **27** C1
n Servera **41** C2
ncillo **6** B2
nseca **36** B1
peira **18** A2
rbas **58** A2

Soria **15** D3
Sort **18** B2
Sos del Rey Católico **16** B3
Soses **30** A1
Sotillo de la Adrada **26** A3
Soto de los Infantes **4** B2
Soto de Luiña **4** B1
Soto de Sajambre **5** D2
Soto del Barco **4** B1
Sotogrande **55** C3
Sotopalacios **6** B3
Sotrondio **5** C2
Sotuélamos **38** A3
Soutelo **2** B3
Suances **6** B1
Subijana **7** C3
Sucina **49** C3
Sueca **40** A3
Sueros de Cepeda **12** B1
Super Molina **19** C2
Súria **19** C3

Tábara **12** B2
Tabernas **58** A2
Taboada **3** C3
Tabuenca **16** A3
Tafalla **8** A3
Tahal **58** A2
Talarrubias **35** D3
Talaván **34** B1
Talavera de la Reina **36** A1
Talavera la Real **34** A3
Talayuela **35** D1
Talayuelas **39** C1
Tallante **49** C3
Tamames **24** B2
Támara **14** A2
Tamarinda **41** D1
Tamarite de Litera **18** A3
Tapia de Casariego **4** A1
Tarancón **37** D1
Tarazona **16** A3
Tarazona de la Mancha **38** B3
Tardienta **17** C3
Tarifa **55** C3
Tarragona **31** C2
Tarrasa / Terrassa **20** A3
Tàrrega **18** B3
Tauste **16** B3
Tavernes de la Valldigna **40** A3

Tazones **5** C2
Teba **55** D2
Teguise **51** D2
Teixeiro **3** C2
Telde **51** C2
Tembleque **37** C2
Tendilla **27** C3
Terrassa / Tarrasa **20** A3
Terriente **28** B3
Teruel **29** C3
Terzaga **28** A2
Tharsis **43** D3
Tiemblo (El) **26** A3
Tierga **16** A3
Tíjola **58** A2
Tiñosillos **26** A2
Tineo **4** B2
Tirig **30** A3
Titaguas **39** C1
Tivenys **30** A2
Tivissa **30** B2
Tobarra **48** B1
Toboso (El) **37** D2
Tocina **45** C3
Toledo **36** B1
Tolosa **8** A2
Tolox **55** D2
Tomelloso **37** D3
Tomiño **10** B1
Tona **19** D3
Torà **18** B3
Tordera **21** C3
Tordesillas **13** D3
Tordesilos **28** B3
Toreno **4** A3
Torija **27** C2
Torla **9** D3
Tormos **17** C2
Tornavacas **25** C3
Toro **13** C3
Torquemada **14** A2
Torralba de Calatrava **37** C3
Torre de Juan Abad **47** D1
Torre de la Higuera **54** A1
Torre del Bierzo **12** B1
Torre del Mar **56** B2
Torre del Valle (La) **13** C2
Torre d'en Besora (La) **29** D3
Torre la Cárcel **28** B3
Torre Pacheco **49** C3
Torrebaja **39** C1
Torreblanca **40** B1

Torrecaballeros — **26** B2
Torrecampo — **46** A1
Torrecilla en Cameros — **15** D2
Torrecillas de la Tiesa — **35** C1
Torredelcampo — **46** B3
Torredembarra — **31** C2
Torredonjimeno — **46** B3
Torregrossa — **30** B1
Torrejón de Ardoz — **27** C3
Torrejón de la Calzada — **26** B3
Torrejón el Rubio — **35** C1
Torrejoncillo — **34** B1
Torrejoncillo del Rey — **38** A1
Torrelaguna — **27** C2
Torrelapaja — **16** A3
Torrelavega — **6** B1
Torrellano — **49** D2
Torrelobatón — **13** D3
Torrelodones — **26** B2
Torremegía — **34** B3
Torremocha — **35** C2
Torremolinos — **56** A2
Torrent — **40** A2
Torrente de Cinca — **30** A1
Torrenueva — **47** C1
Torreperogil — **47** C2
Torres del Río — **7** D3
Torrevieja — **49** D3
Torrijas — **39** D1
Torrijo — **28** A1
Torrijos — **36** B1
Torroella de Montgrí — **21** C2
Torrox — **56** B2
Tórtoles de Esgueva — **14** A3
Tortosa — **30** A2
Tossa de Mar — **21** C2
Totana — **48** B3
Trabanca — **24** B1
Trabazos — **12** A2
Tragacete — **28** A3
Traiguera — **30** A3
Trebujena — **54** B2
Tremp — **18** B2
Tresjuncos — **38** A2
Trespaderne — **7** C3
Trevélez — **57** C2
Treviño — **7** D3
Trigueros — **44** A3
Trijueque — **27** C2
Trillo — **27** D2
Trubia — **5** C2
Truchas — **12** A1

Trujillo — **35** C2
Tubilla del Agua — **6** B3
Tudela — **16** A2
Tudela de Duero — **13** D3
Tui — **10** B1
Tuineje — **51** D3
Turégano — **26** B1
Turís — **39** D2
Turmiel — **28** A2
Turre — **58** B2

U

Úbeda — **47** C2
Ubrique — **55** C2
Uclés — **37** D1
Ugíjar — **57** D2
Uleila del Campo — **58** A2
Ulldecona — **30** A3
Ungilde — **12** A2
Unión (La) — **59** D1
Unquera — **6** A1
Urda — **37** C2
Usagre — **44** B1
Useres (Les) — **40** A1
Utebo — **16** B3
Utiel — **39** C2
Utrera — **55** C1
Utrillas — **29** C2

V

Valareña — **16** B2
Luzaide / Valcarlos — **8** B2
Valdecaballeros — **35** D2
Valdecabras — **38** B1
Valdecarros — **25** C2
Valdedíos — **5** C2
Valdefuentes — **35** C2
Valdeganga — **38** B3
Valdelacasa de Tajo — **35** D1
Valdelinares — **29** D3
Valdemeca — **28** B3
Valdemorillo — **26** B3
Valdemoro — **26** B3
Valdenoceda — **6** C3
Valdepeñas — **47** C1
Valdepeñas de Jaén — **46** B3
Valderas — **13** C2
Valderrobres — **30** A2

Valdestillas — **13**
Valdeverdeja — **35**
Valdevimbre — **13**
Valdezcaray — **15**
València — **40**
Valencia de Alcántara — **34**
Valencia de Don Juan — **13**
Valencia de las Torres — **44**
Valencia del Ventoso — **44**
Valeria — **38**
Valjunquera — **30**
Vall d'Alba — **40**
Vall d'Uixó (La) — **40**
Valladolid — **13**
Valldemossa — **40**
Valle de Abdalajís — **56**
Valle de la Serena — **35**
Valle de Matamoros — **44**
Vallehermoso — **50**
Vallejera de Riofrío — **25**
Valls — **31**
Valmojado — **26**
Valoria la Buena — **14**
Valpalmas — **17**
Valtierra — **16**
Valverde — **50**
Valverde — **16**
Valverde de Júcar — **38**
Valverde de Leganés — **34**
Valverde del Camino — **44**
Valverde del Fresno — **24**
Vandellós — **30**
Vargas — **6**
Vecilla (La) — **5**
Vecinos — **25**
Vega de Espinareda — **4**
Vega de Valcarce — **4**
Vegadeo — **4**
Vegarienza — **4**
Vegas del Condado — **5**
Veguellina de Órbigo — **12**
Veguillas (Las) — **25**
Veiga (A) — **11**
Vejer de la Frontera — **54**
Velada — **36**
Velayos — **26**
Vélez Blanco — **48**
Vélez de Benaudalla — **57**
Vélez Málaga — **56**
Vélez Rubio — **48**
Velilla del Río Carrión — **5**
Vellés (La) — **25**

ndrell (El)	**31** C1	Villa de Don Fadrique (La)	**37** D2	Villanueva del Rey	**45** D2
nialbo	**13** C3	Villa del Prado	**26** A3	Villanueva y Geltrú /	
nta Nueva	**4** A2	Villa del Río	**46** A2	Vilanova i la Geltrú	**31** C1
ntas con		Villadiego	**6** A3	Villanueva de Alcardete	**37** D2
Peña Aguilera	**36** B2	Villaescusa de Haro	**38** A2	Villanueva de Alcorón	**28** A2
ntas de Huelma	**56** B2	Villafáfila	**13** C2	Villanueva de Algaidas	**56** A1
ia	**58** B2	Villaflores	**25** D1	Villanueva de Argaño	**14** B1
ín	**11** D2	Villafranca	**16** A2	Villanueva de Bogas	**37** C1
tientes (Las)	**48** A3	Villafranca del Bierzo	**4** A3	Villanueva de Cameros	**15** D2
zdemarbán	**13** C3	Villafranca		Villanueva de Córdoba	**46** A1
na	**7** D3	del Cid / Vilafranca	**29** D3	Villanueva de Franco	**37** C3
na do Bolo	**11** D1	Villafranca de los Barros	**44** B1	Villanueva de Gállego	**17** C3
	19 D3	Villafranca		Villanueva	
álvaro	**26** B3	de los Caballeros	**37** C2	de la Concepción	**56** A2
reres	**21** C2	Villafranca-Montes		Villanueva de la Fuente	**47** D1
lha	**18** A1	de Oca	**15** C1	Villanueva de la Jara	**38** D2
jo	**10** B1	Villafranco		Villanueva de la Reina	**46** B2
a de Cruces	**3** C3	del Guadalquivir	**54** B1	Villanueva del Arzobispo	**47** D2
a-real	**40** A1	Villafrechós	**13** C2	Villanueva de la Serena	**35** C2
a-rodona	**31** C1	Villafruela	**14** B2	Villanueva de las Torres	**47** C3
a-seca	**31** C2	Villafuerte	**14** A3	Villanueva de la Vera	**25** C1
ada	**19** C2	Villager de Laciana	**4** B3	Villanueva del Campo	**13** C2
adamat	**21** C2	Villaharta	**45** D2	Villanueva del Duque	**45** D1
adrau	**19** D3	Villahermosa	**47** D1	Villanueva del Fresno	**43** D1
afamés	**40** A1	Villahoz	**14** B2	Villanueva del Huerva	**29** C1
afranca	**29** D3	Villajoyosa /		Villanueva	
afranca del Penedès	**20** A3	La Vila Joiosa	**50** A2	de los Castillejos	**43** D3
agarcía de Arousa	**2** B3	Villalba / Vilalba	**3** D2	Villanueva del Río y Minas	**45** C3
a Joiosa (La) /		Villalba de Guardo	**13** D1	Villanueva del Trabuco	**56** A1
Villajoyosa	**50** A2	Villalba de la Sierra	**28** A3	Villanueva de San Carlos	**46** B1
alba / Villalba	**3** D2	Villalba de los Barros	**44** B1	Villaquejida	**13** C2
aller	**18** A2	Villalba del Rey	**27** D3	Villaquilambre	**13** C1
allonga	**50** A1	Villalcázar de Sirga	**14** A1	Villar de Peralonso	**24** B1
amarxant	**39** D2	Villalgordo		Villarcayo	**6** B2
anova	**3** D1	del Marquesado	**38** A2	Villar de Arnedo (El)	**16** A2
anova d'Alcolea	**40** B1	Villalón de Campos	**13** D2	Villar de Cañas	**38** A1
anova i la Geltrú /		Villalpando	**13** C2	Villardeciervos	**12** B2
Villanueva y Geltrú	**31** C1	Villalpardo	**39** C2	Villar de Domingo García	**28** A3
anova de Arosa	**2** B3	Villaluenga	**28** A1	Villardefrades	**13** C3
anova de Sau	**19** D3	Villamañán	**13** C1	Villar del Arzobispo	**39** D2
ar de Barrio	**11** C1	Villamanrique	**47** D1	Villar del Rey	**34** A2
ches	**47** C2	Villamanrique		Villarejo de Fuentes	**38** A1
ablanca	**43** D3	de la Condesa	**54** B1	Villarejo de Salvanés	**27** C3
ablino	**4** B3	Villamartín	**55** C2	Villarente	**13** C1
abona	**8** A2	Villamartín de Campos	**13** D2	Villares (Los)	**46** B3
abrágima	**13** D2	Villamayor	**17** C3	Villares de la Reina	**25** C1
abuena del Puente	**13** C3	Villamayor de Santiago	**37** D2	Villares del Saz	**38** A1
acañas	**37** D2	Villamayor de Campos	**13** C2	Villargarcía del Llano	**38** B3
acarriedo	**6** B2	Villanubla	**13** D3	Villargordo del Cabriel	**39** C2
acarrillo	**47** D2	Villanueva de la Sierra	**24** A3	Villaricos	**58** B2
acastín	**26** A2	Villanueva		Villarino	**12** A3
ada	**13** D2	de los Infantes	**47** D1	Villarroya	**16** A2

Villaroya de los Pinares	**29** C3	
Villarquemado	**28** B3	
Villarramiel	**13** D2	
Villarreal / Vila-real	**40** A1	
Villarrín de Campos	**13** C2	
Villarrobledo	**38** A3	
Villarrubia de la Sierra	**28** B1	
Villarrubia de los Ojos	**37** C3	
Villarrubia de Santiago	**37** D1	
Villarrubio	**37** D1	
Villarta de San Juan	**37** C3	
Villasana de Mena	**7** C2	
Villasandino	**14** A1	
Villasante de Montija	**6** B2	
Villasarracino	**6** A3	
Villaseco de los Reyes	**24** B1	
Villasequilla	**37** C1	
Villatobas	**37** D1	
Villatoya	**39** C3	
Villaverde del Río	**44** B3	
Villavicencio	**5** C2	
Villaviciosa de Córdoba	**45** D2	
Villaviciosa de Odón	**26** B3	
Villavieja de Yeltes	**24** B1	
Villel	**39** C1	
Villena	**49** D1	
Villoldo	**13** D2	
Villoria	**25** C1	
Vimianzo	**2** A2	
Viñas (Las)	**46** B2	
Viñuelas	**27** C2	
Vinaixa	**30** B1	
Vinarós	**30** A3	

Vinuesa	**15** C3	
Virgen del Camino (La)	**13** C1	
Viso (El)	**45** D1	
Viso del Alcor (El)	**45** C3	
Viso del Marqués	**47** C1	
Vistabella del Maestrazgo	**29** D3	
Vitigudino	**24** B1	
Vitoria-Gasteiz	**7** D3	
Viveiro	**3** D1	
Vivel del Río Martín	**29** C2	
Viver	**39** D1	
Viveros	**48** A1	

Xàbia / Jávea	**50** A1	
Xàtiva / Játiva	**39** D3	
Xeresa	**40** A3	
Xert	**30** A3	
Xerta	**30** A2	
Xinzo de Limia	**11** C1	
Xixona	**49** D1	
Xubia	**3** C1	
Xunqueira de Ambía	**11** C1	

Yanguas	**15** D2	
Yébenes (Los)	**37** C2	
Yebra	**27** C3	
Yecla	**49** D1	
Yepes	**37** C1	
Yesa	**8** B3	

Yesa (La)	**39**	
Yeste	**48**	
Yuncos	**37**	
Yunquera	**55**	
Yunquera de Henares	**27**	

Zafarraya	**56**
Zafra	**44**
Zahara de los Atunes	**54**
Zahinos	**44**
Zaidín	**30**
Zalamea de la Serena	**45**
Zalamea la Real	**44**
Zalla	**7**
Zambrana	**7**
Zamora	**12**
Zaorejas	**28**
Zaragoza	**17**
Zaratán	**13**
Zarautz	**8**
Zarcilla de Ramos	**48**
Zarza la Mayor	**34**
Zestoa	**8**
Ziorraga	**7**
Zorita	**35**
Zucaina	**40**
Zuera	**17**
Zufre	**44**
Zújar	**57**
Zumaia	**8**
Zumarraga	**7**

Portugal

A

Abela 42 B1
Abrantes 33 C1
Águeda 22 B2
Aguiar 43 C1
Aguiar da Beira 23 D1
Alandroal 33 D3
Albergaria-a-Velha 22 B1
Albernoa 43 C2
Albufeira 52 B1
Alcácer do Sal 42 B1
Alcáçovas 43 C1
Alcafozes 23 D3
Alcains 23 D3
Alcanede 32 B1
Alcanena 32 B1
Alcanhões 32 B2
Alcantarilha 52 B1
Alcaria Ruiva 43 C2
Alcobaça 32 B1
Alcochete 32 B3
Alcoutim 43 D3
Aldeia Gavinha 32 A2
Aldeia da Ponte 24 A2
Alenquer 32 B2
Alfambra 42 A3
Alfândega da Fé 11 D3
Alfeizerão 32 B1
Algoz 42 B3
Alijó 11 C3
Aljezur 42 A3
Aljustrel 42 B2
Almada 32 A3
Almancil 53 C1
Almeida 24 A2
Almeirim 32 B2
Almodôvar 43 C3
Alpalhão 33 D1
Alpedrinha 23 D3
Alpiarça 32 B2
Alqueva 43 D1
Alter do Chão 33 D2
Alvaiázere 22 B3
Alvalade 42 B2
Alverca do Ribatejo 32 B2
Alvito 43 C1
Alvor 42 B3
Amadora 32 A3
Amarante 10 B3
Amareleja 43 D1

Amares 10 B2
Ameixial 43 C3
Anadia 22 B2
Ansião 22 B3
Arazede 22 B2
Arco de Baulhe 11 C3
Arcos de Valdevez 10 B2
Arez 33 D1
Arganil 23 C3
Armação de Pêra 52 B1
Armamar 23 D1
Arouca 23 C1
Arraiolos 33 C3
Arrifana 23 D2
Arronches 34 A2
Arruda dos Vinhos 32 A2
Atouguia da Baleia 32 A1
Aveiras de Cima 32 B2
Aveiro 22 B1
Avintes 10 B3
Avis 33 D2
Azambuja 32 B2
Azaruja 33 D3
Azinheira dos Barros 42 B1

B

Baião 10 B3
Baleal 32 A1
Baleizão 43 C2
Barca de Alva 24 A1
Barcelos 10 B2
Barqueiro 22 B3
Barrancos 44 A2
Barranco Velho 43 C3
Barreiro 32 A3
Batalha 32 B1
Beja 43 C2
Belmonte 23 D2
Bemposta 33 C1
Benavente 32 B2
Beringel 43 C1
Boliqueime 52 B1
Bombarral 32 A1
Borba 33 D3
Bornes 11 D3
Boticas 11 C3
Bouro 10 B2
Braga 10 B2
Bragança 12 A2
Bravães 10 B2

Brinches 43 D2
Brotas 33 C3
Buarcos 22 A2
Bucelas 32 A2

C

Cabeceiras de Basto 11 C3
Cabeço de Vide 33 D2
Cacela Velha 53 C1
Cachopo 43 C3
Cadaval 32 B2
Caldas das Taipas 10 B3
Caldas da Rainha 32 B1
Caldas de Vizela 10 B3
Caldelas 10 B2
Cambas 23 C3
Caminha 10 A2
Campo de Besteiros 23 C2
Campo Maior 34 A2
Canas de Senhorim 23 C2
Canha 32 B3
Cantanhede 22 B2
Caramulo 23 C2
Caria 23 D2
Carrapateira 42 A3
Carrazeda de Ansiães 11 D3
Carrazedo
   de Montenegro 11 D3
Carregado 32 B2
Carregal do Sal 23 C2
Cartaxo 32 B2
Carviçais 24 A1
Carvoeiro 52 B1
Casa Branca (Portalegre) 33 D2
Casa Branca (Setúbal) 42 B1
Cascais 32 A3
Castanheira de Pêra 22 B3
Castelo Branco 33 D1
Castelo de Paiva 23 C1
Castelo de Vide 33 D1
Castro Daire 23 C1
Castro Laboreiro 11 C1
Castro Marim 53 D1
Castro Verde 43 C2
Celorico da Beira 23 D2
Celorico de Basto 11 C3
Cercal (Lisboa) 32 B2
Cercal (Setúbal) 42 B2
Cerdeira 23 D2
Cernache de Bonjardim 22 B3

Chamusca	**33** C1	
Chaves	**11** D2	
Chouto	**33** C2	
Cinfães	**23** C1	
Coimbra	**22** B2	
Coina	**32** A3	
Colares	**32** A2	
Comporta	**42** B1	
Condeixa-a-Nova	**22** B3	
Constância	**33** C1	
Coruche	**32** B2	
Costa de Caparica	**32** A3	
Costa de Santo André	**42** A1	
Couço	**33** C2	
Covilhã	**23** D3	
Crato	**33** D2	
Cruzamento de Pegões	**32** B3	
Cruz da Légua	**32** B1	
Cuba	**43** C1	
Curia	**22** B2	

D

Darque	**10** A2	
Degracias	**22** B3	

E

Elvas	**34** A3	
Entre-os-Rios	**23** C1	
Entroncamento	**33** C1	
Ericeira	**32** A2	
Ermidas-Aldeia	**42** B2	
Ervidel	**43** C2	
Escalos de Cima	**23** D3	
Esmoriz	**22** B1	
Espinho	**22** B1	
Esposende	**10** A2	
Estarreja	**22** B1	
Estói	**53** C1	
Estoril	**32** A3	
Estremoz	**33** D3	
Évora	**33** C3	
Évoramonte	**33** D3	

F

Fafe	**10** B3	
Faro	**53** C2	
Fátima	**32** B1	
Feces de Abaixo	**11** D2	
Felgueiras	**10** B3	
Ferreira do Alentejo	**43** C1	

Ferreira do Zêzere	**33** C1	
Ferreiras	**52** B1	
Figueira da Foz	**22** A3	
Figueira de Castelo Rodrigo	**24** A1	
Figueiró dos Vinhos	**22** B3	
Flor da Rosa	**33** D2	
Fornos de Algodres	**23** D2	
Foz do Arelho	**32** A1	
Foz Giraldo	**23** C3	
Fratel	**33** D1	
Freixedas	**23** D2	
Freixo de Espada a Cinta	**24** A1	
Fronteira	**33** D2	
Funchal	**52** A3	
Fundão	**23** D3	
Furadouro	**22** B1	
Fuzeta	**53** C2	

G

Galveias	**33** C2	
Garvão	**42** B2	
Gavião	**33** D1	
Gerês	**10** B2	
Góis	**23** C3	
Golegã	**33** C1	
Gondomar	**10** B3	
Gouveia	**23** D2	
Grândola	**42** B1	
Granja	**43** D1	
Guarda	**23** D2	
Guimarães	**10** B3	

I

Idanha-a-Nova	**23** D3	
Ílhavo	**22** B2	
Izeda	**12** A3	

J

Juromenha	**34** A3	

L

Ladoeiro	**34** A1	
Lagoa	**42** B3	
Lagoaça	**24** A1	
Lagos	**42** A3	
Lamego	**23** C1	
Lavre	**33** C3	
Leiria	**22** A3	

Lindoso	**10** B2	
Lisboa	**32** A3	
Loriga	**23** C2	
Loulé	**53** C1	
Loures	**32** A2	
Louriçal	**22** A3	
Lourinhã	**32** A1	
Lousa	**32** A2	
Lousã	**22** B3	
Lousada	**10** B3	
Luso	**22** B2	

M

Mação	**33** C1	
Macedo de Cavaleiros	**11** D3	
Mafra	**32** A2	
Maia	**10** B3	
Malpica do Tejo	**34** A1	
Malveira (perto de Estoril)	**32** A3	
Malveira (perto de Mafra)	**32** A2	
Mamarrosa	**22** B2	
Mangualde	**23** C2	
Manteigas	**23** D2	
Marateca	**32** B3	
Marco de Canaveses	**10** B3	
Marinha Grande	**22** A3	
Martim Longo	**43** C3	
Martingança	**32** B1	
Marvão	**33** D2	
Mateus	**11** C3	
Matosinhos	**10** A3	
Mealhada	**22** B2	
Mêda	**23** D1	
Medelim	**23** D3	
Meimoa	**23** D3	
Melgaço	**10** B1	
Melides	**42** B1	
Mértola	**43** C2	
Mesão Frio	**11** C3	
Milhão	**12** A2	
Mina de São Domingos	**43** D2	
Mira	**22** B2	
Mira de Aire	**32** B1	
Miramar	**10** A3	
Miranda do Corvo	**22** B3	
Miranda do Douro	**12** B3	
Mirandela	**11** D3	
Mogadouro	**12** A3	
Moimenta	**11** D2	
Moimenta da Beira	**23** D1	
Moita	**32** A2	
Moledo do Minho	**10** A2	
Monção	**10** B1	

Moncarapacho	**53** C2	
Monchique	**42** B3	
Mondim de Basto	**11** C3	
Monforte	**33** D2	
Monsanto	**23** D3	
Monsaraz	**43** D1	
Montalegre	**11** C2	
Montalvão	**33** D1	
Montargil	**33** C2	
Monte Redondo	**22** A3	
Monte da Pedra	**33** D2	
Montemor-o-Novo	**33** C3	
Montemor-o-Velho	**22** B2	
Monte Real	**22** A3	
Montijo	**32** B3	
Montoito	**43** D1	
Mora	**33** C2	
Morais	**12** A3	
Mortágua	**22** B2	
Moura	**43** D1	
Mourão	**43** D1	
Muge	**32** B2	
Murça	**11** D3	
Murtosa	**22** B1	

N

Nave Redonda	**42** B3
Nazaré	**32** B1
Nelas	**23** C2
Nisa	**33** D1

O

Óbidos	**32** A1
Odeceixe	**42** A3
Odeleite	**43** D3
Odemira	**42** B2
Odivelas	**43** C1
Oeiras	**32** A3
Ofir	**10** A2
Oleiros	**23** C3
Olhão	**53** C2
Oliveira de Azeméis	**22** B1
Oliveira de Frades	**23** C1
Oliveira do Bairro	**22** B2
Oliveira do Douro	**23** C1
Oliveira do Hospital	**23** C2
Orvalho	**23** C3
Ourém	**33** C1
Ourique	**42** B3
Ovar	**22** B1

P

Paço de Sousa	**10** B3
Paços de Ferreira	**10** B3
Paderne	**42** B3
Palmela	**32** B3
Pampilhosa	**22** B2
Pampilhosa da Serra	**23** C3
Paradela	**11** C2
Paredes	**10** B3
Paredes de Coura	**10** B2
Paúl	**23** C3
Pavia	**33** C3
Pedras Salgadas	**11** C3
Pedrógão (Beja)	**43** C1
Pedrógão (Leiria)	**22** A3
Pedrógão Grande	**22** B3
Pega	**23** D2
Penacova	**22** B2
Penafiel	**10** B3
Penalva do Castelo	**23** C2
Penamacor	**23** D3
Penedono	**23** D1
Penela	**22** B3
Penhas da Saúde	**23** D2
Penhas Juntas	**11** D2
Peniche	**32** A1
Peralva	**43** C3
Peso da Régua	**11** C3
Pinhal Novo	**32** B3
Pinhão	**11** C3
Pinheiro	**10** B2
Pinhel	**24** A1
Pombal	**22** B3
Pontão	**22** B3
Ponte da Barca	**10** B2
Ponte de Lima	**10** B2
Ponte de Sor	**33** C2
Portalegre	**33** D2
Portel	**43** C1
Portelo	**12** A2
Portimão	**42** B3
Portinho da Arrábida	**32** A3
Porto	**10** B3
Porto Alto	**32** B2
Porto Moniz	**52** A3
Porto de Lagos	**42** B3
Porto de Mós	**32** B1
Póvoa de Lanhoso	**10** B2
Póvoa de Varzim	**10** A3
Praia da Tocha	**22** A2
Praia da Barra	**22** B1
Praia da Rocha	**52** B1
Praia da Vieira	**22** A3
Praia de Mira	**22** B2

Praia de Santa Cruz	**32** A2
Proença-a-Nova	**33** D1

Q

Quarteira	**52** B2
Queluz	**32** A3
Quintanilha	**12** A2

R

Rates	**10** A3
Rebordelo	**11** D2
Redondo	**33** D2
Reguengos de Monsaraz	**43** D1
Resende	**23** C1
Ribeira de Pena	**11** C3
Rio Maior	**32** B1
Rosmaninhal	**34** A1
Rossio ao Sul do Tejo	**33** C1
Rubiães	**10** B2

S

Sabóia	**42** B3
Sabrosa	**11** C3
Sabugal	**23** D2
Sacavém	**32** A2
Safara	**43** D1
Sagres	**52** A1
Salgueiro do Campo	**23** C3
Salto	**11** C2
Salvaterra de Magos	**32** B2
Sande	**23** C1
Santa Catarina da Fonte do Bispo	**53** C1
Santa Clara-a-Velha	**42** B3
Santa Comba Dão	**23** C2
Santa Comba de Rosas	**12** A3
Santa Eulália	**34** A1
Santa Luzia	**42** B2
Santa Margarida do Sádão	**42** B1
Santa Maria da Feira	**22** B1
Santa Marta de Penaguião	**11** C3
Santana (Madeira)	**52** A3
Santana (Setúbal)	**32** A3
Santana da Serra	**42** B3
Santarém	**32** B2
Santiago do Cacém	**42** B1
Santiago do Escoural	**33** C3
Santo Estêvão (Guarda)	**23** D3
Santo Estêvão (Santarém)	**32** B2

Santo Tirso — **10** B3
São Bartolomeu
de Messines — **42** B3
São Brás de Alportel — **53** C1
São Cristóvão — **33** C3
São Domingos — **42** B2
São Gregório — **10** B1
São Jacinto — **22** B1
São João da Madeira — **22** B1
São João da Pesqueira — **23** D1
São João de Tarouca — **23** C1
São João
dos Caldeireiros — **43** C3
São José da Lamarosa — **33** C2
São Leonardo — **43** D1
São Manços — **43** C1
São Marcos da Serra — **42** B3
São Marcos do Campo — **43** D1
São Martinho
das Amoreiras — **42** B2
São Martinho do Porto — **32** B1
São Matias — **43** C1
São Miguel de Machede — **33** D3
São Pedro da Torre — **10** B1
São Pedro de Moel — **22** A3
São Pedro do Sul — **23** C1
São Romão — **23** C2
São Teotónio — **42** A3
São Vicente da Beira — **23** D3
Sapataria — **32** A2
Sardoal — **33** C1
Sarzedas — **23** C3
Sátão — **23** C1
Segura — **34** A1
Seia — **23** C2
Seixal — **32** A3
Sendim — **12** A3
Sernancelhe — **23** D1
Serpa — **43** D2
Sertã — **22** B3
Sesimbra — **32** A3
Setúbal — **32** B3
Sever do Vouga — **22** B1
Silvares — **23** C3
Silves — **42** B3
Sines — **42** A1
Sintra — **32** A2
Sobral da Adiça — **43** D2
Sobral de Monte Agraço — **32** A2
Sobreira Formosa — **33** D1
Soure — **22** B3
Sousel — **33** D3

T

Tábua — **23** C2
Tabuaço — **23** D1
Taipadas — **32** B3
Tanganheira — **42** B2
Tarouca — **23** C1
Tavira — **53** C1
Teixoso — **23** D2
Terena — **33** D3
Termas de Monfortinho — **24** A3
Terras de Bouro — **10** B2
Tocha — **22** B2
Tolosa — **33** D1
Tomar — **33** C1
Tondela — **23** C2
Torrão — **43** C1
Torre de Dom Chama — **11** D2
Torre de Moncorvo — **24** A1
Torreira — **22** B1
Torres Novas — **33** C1
Torres Vedras — **32** A2
Tortosendo — **23** D3
Trafaria — **32** A3
Tramagal — **33** C1
Trancoso — **23** D1
Trindade — **11** D3
Trofa (perto de Felgueiras) — **10** B3
Trofa (perto de Santo Tirso) — **10** B3

U

Unhais da Serra — **23** C3

V

Vagos — **22** B2
Valadares — **10** A3
Vale de Açor — **43** C2
Vale de Cambra — **22** B1
Vale de Estrela — **23** D2
Vale de Prazeres — **23** D3
Valença do Minho — **10** B1
Valhelhas — **23** D2
Valongo — **10** B3
Valpaços — **11** D3
Veiros — **33** D3
Venda Nova — **11** C2
Vendas Novas — **32** B3
Viana do Alentejo — **43** C1
Viana do Castelo — **10** A2

Vidago — **11** C2
Vidigueira — **43** C1
Vieira de Leiria — **22** A3
Vieira do Minho — **10** B2
Vila Baleira — **52** A3
Vila do Conde — **10** A3
Vila Fernando — **33** D3
Vila Flor — **11** D3
Vila Nogueira de Azeitão — **32** A3
Vila Nova
de Santo André — **42** A1
Vila Verde — **10** B2
Vila Boim — **34** A3
Vila de Rei — **33** C1
Vila do Bispo — **42** A3
Vila Franca das Naves — **23** D2
Vila Franca de Xira — **32** B2
Vila Nova da Barquinha — **33** C1
Vila Nova de Cerveira — **10** B1
Vila Nova de Famalicão — **10** 24
Vila Nova de Foz Côa — **23** D1
Vila Nova de Gaia — **10** B3
Vila Nova de Milfontes — **42** A2
Vila Nova de Paiva — **23** C1
Vila Nova de Poiares — **22** B3
Vila Nova de São Bento — **43** D2
Vila Pouca de Aguiar — **11** C3
Vila Praia de Âncora — **10** A3
Vilar Formoso — **24** A2
Vila Real — **11** C3
Vila Real
de Santo António — **53** D1
Vila Velha de Ródão — **33** D1
Vila Verde da Raia — **11** D2
Vila Verde de Ficalho — **43** D2
Vila Viçosa — **33** D3
Vimieiro — **33** D3
Vimioso — **12** A3
Vinhais — **11** D2
Viseu — **23** C2
Vouzela — **23** C1

Z

Zebreira — **34** A1

Legenda

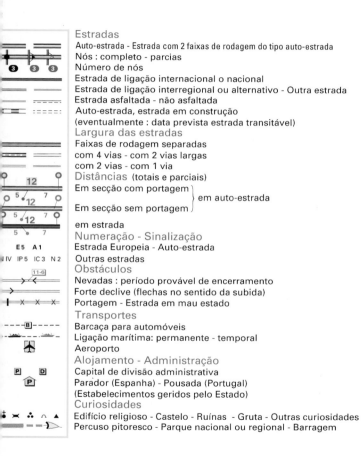

Estradas
Auto-estrada - Estrada com 2 faixas de rodagem do tipo auto-estrada
Nós : completo - parcias
Número de nós
Estrada de ligação internacional o nacional
Estrada de ligação interregional ou alternativo - Outra estrada
Estrada asfaltada - não asfaltada
Auto-estrada, estrada em construção
(eventualmente : data prevista estrada transitável)

Largura das estradas
Faixas de rodagem separadas
com 4 vias - com 2 vias largas
com 2 vias - com 1 via

Distâncias (totais e parciais)
Em secção com portagem ⎫
                        ⎬ em auto-estrada
Em secção sem portagem ⎭

em estrada

Numeração - Sinalização
Estrada Europeia - Auto-estrada
Outras estradas

Obstáculos
Nevadas : período provável de encerramento
Forte declive (flechas no sentido da subida)
Portagem - Estrada em mau estado

Transportes
Barcaça para automóveis
Ligação marítima: permanente - temporal
Aeroporto

Alojamento - Administração
Capital de divisão administrativa
Parador (Espanha) - Pousada (Portugal)
(Estabelecimentos geridos pelo Estado)

Curiosidades
Edifício religioso - Castelo - Ruínas - Gruta - Outras curiosidades
Percuso pitoresco - Parque nacional ou regional - Barragem

Signos convencionales

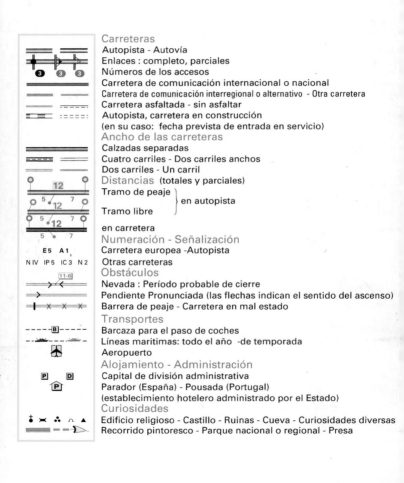

Carreteras
Autopista - Autovía
Enlaces : completo, parciales
Números de los accesos
Carretera de comunicación internacional o nacional
Carretera de comunicación interregional o alternativo - Otra carretera
Carretera asfaltada - sin asfaltar
Autopista, carretera en construcción
(en su caso: fecha prevista de entrada en servicio)

Ancho de las carreteras
Calzadas separadas
Cuatro carriles - Dos carriles anchos
Dos carriles - Un carril

Distancias (totales y parciales)
Tramo de peaje ⎱
                ⎰ en autopista
Tramo libre   ⎰

en carretera

Numeración - Señalización
Carretera europea -Autopista
Otras carreteras

Obstáculos
Nevada : Período probable de cierre
Pendiente Pronunciada (las flechas indican el sentido del ascenso)
Barrera de peaje - Carretera en mal estado

Transportes
Barcaza para el paso de coches
Líneas marítimas: todo el año -de temporada
Aeropuerto

Alojamiento - Administración
Capital de división administrativa
Parador (España) - Pousada (Portugal)
(establecimiento hotelero administrado por el Estado)

Curiosidades
Edificio religioso - Castillo - Ruinas - Cueva - Curiosidades diversas
Recorrido pintoresco - Parque nacional o regional - Presa